日本殘像

日本殘像

日本殘像

日本殘像

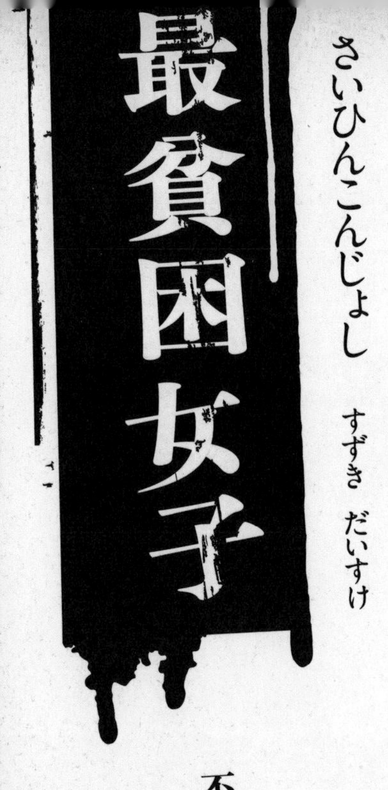

最貧困女子

不敢開口求救的無緣地獄

鈴木大介
Daisuke Suzuki

陳令嫻——譯

推薦序

最貧困女子——不敢開口求救的無緣地獄

不論是妳還是我，都可能在一瞬間跌入地獄的深淵

——中古小姐

如果沒有在東京生活過，我大概無法理解不同於「貧窮」的「貧困」的定義……

留學時期，我有一位同學叫齊藤。齊藤乍看之下是東京街上處處可見的無憂無慮好青年。他從來不開口跟大家抱怨事情，每堂課也總是準時出現。但和齊藤相處了一段時間後會發現，他一年四季穿來穿去只有三套衣服，每天的便當也只有一個簡單裹了鹽的白飯糰。

「其實爸媽離婚後，都沒再關心過我們，也沒支援過我們一毛生活費。我一直是和奶奶相依為命的。現在能來上學，用的也是奶奶快見底的存款，雖然我很努力在便利商店做夜班的打工，但只要存

款用光，別說上課了，我和奶奶的生活都會陷入困境。」齊藤像在描述什麼虛構故事似的，不帶任何情感說完了自己的狀況。

「求救呀！為什麼溺死前不趕快求救？」

「總有什麼法律或社福機構能幫上忙吧？還有清寒獎學金可以申請啊！」

正常狀況下，我們總會這麼想，但是……

「我和奶奶都不是那種喜歡麻煩別人的人，況且張揚自己的窘境也不是什麼光彩的事。」齊藤堅持。

在東京成為社會人之後，前輩早苗小姐總會在我準備掏出皮夾，吃一頓稍微豪華的午餐，或買一件漂亮的裙裝來犒賞自己時，對我發出警告。

「女生的外貌和工作都不是一輩子的。別說一輩子了！辭了這份工作還能不能找到下一份都不知道……」

我必須老實承認，早苗的擔憂有其道理——日本職場對女性的確不太友善。首先，要想「順利」進入職場，妳必須有學歷，長相也要OK。如果沒有學歷？很遺憾，妳這輩子很難進入像樣的企業，也不太可能成為有保障的「正社員」（編按：正職員工）。不能成為正社員的意思是，妳只會是個沒有獎金、無法升遷的契約社員或派遣社員——不論妳在該企業的年資有多久。當然，企業想叫妳滾的時候，妳無法有任何怨言，只能捲鋪蓋走人。那麼，沒長相呢？在以男性為主的日本企業文化裡，妳很可能就是被無視——意思就是即使妳做了十件事，可能都比不上卡哇伊女同事倒的一杯茶。

但話說回來，有學歷、顏值高的女生，就能安然度過一輩子嗎？當然也沒有這種事！《東洋經濟》的〈在貧困狀態裡喘不過氣的女性〉專題報導中，介紹過一位碩士班畢業，拿到大企業內定（編按：在學期間從事就職活動時，便與企業簽定勞動契約，畢業後可直接於該企業就職）的女生，最終還是因為無法適應該企業文化、遭受被霸凌等種種因素而逃離職場；而在逃離職場之後，她就再也找不到下一份正社員的工作了。

日本女性實在無法活得輕鬆，尤其是沒能順利接受良好教育，錯過了和同世代同步進入社會的時機之後，人生極有可能就此陷入萬劫不復的深淵。《最貧困女子：不敢開口求救的無緣地獄》這本書中，記錄了各種在深淵裡痛苦掙扎的女性。如果你想在家裡喝杯咖啡，藉由閱讀本書悠閒度過午後時光，我勸你打消這念頭——因為，《最貧困女子》的感染力和後座力實在太強！我在閱讀時……

感到非常焦急——想快點翻到下一頁，看看是否有善心人士能對女孩伸出援手？

感到非常作嘔——書中許多人性的醜陋面表露無遺！

也感到非常懊惱——為什麼她不主動求救？為什麼她也像我認識的齊藤同學一樣？

看完之後，我甚至還作了噩夢……

「外宿要花多少錢？」

「要去哪裡找打工？」

「履歷書上要寫什麼？」

「怎麼辦怎麼辦？我什麼都不懂……」

書中的案例大多是因為某些因素而失去支援，既沒受過良好教育，甚至是身心有殘缺的女孩們。這樣單薄的她們，別說要振作起來展開新的人生，光是如何度過今天都有困難了！這群女孩究竟該怎麼辦？如同你所想像——她們很容易淪為食物鏈的最底層；很容易被黑道、酒店經紀人、變態男友或是家暴老公摧殘。她們唯一能做的，就是賣春、販賣自己的自尊和肉體——以非常廉價的方式。

我希望各位清楚知道，我們正在閱讀的這本《最貧困女子》，絕不是虛構的故事，也不是什麼遠在地球另一端的貧困國家才會有的事，這些真實事件都發生在眾人憧憬的先進國家——日本。換句話說，日本已經有這麼多的（最）貧困女子、少女們；那麼，你或我的國家肯定也有，甚至是妳或我都有可能（不論是百分之一或千分之一的可能）就在一恍神之間，跌入地獄的深淵——如果我們沒有好好抓緊人生方向盤的話……

推薦序

最貧困女子——不敢開口求救的無緣地獄

這才是女人最貧困的真相！

——劉黎兒

這真的是日本嗎？

許多日本人讀了本書，訝異得說不出話來——日本竟然有生活在如此底層的賣春少女、單親媽媽，她們因為各種無緣與障礙，從小便註定無法從貧困的深淵遁逃，**她們的悲慘處境簡直跟開發中國家沒兩樣！**

今年，訪日遊客數終將達四百萬的臺灣人，察覺到如此殘酷的現實嗎？

國際調查顯示，日本陷入貧困的孩子占一六・三％，也就是**每六個小孩就有一個陷入貧困的處境**。然而，當日本首相安倍晉三在面對此一事實時，卻反駁道：「就算貧困，日本的貧困跟別的國家不同！」但哪有什麼不同？甚至有更悲慘的例子——三歲小孩肚子餓到只得去扒竊，因而遭輔導；女國中生買不起學校用的室內鞋而去賣春，她捧著首次賣春賺來的五千日圓（約新臺幣一千五百元）說道：「終於買得起室內鞋了……」

日本社會對於性工作者是非常冷酷的，而且對於貧困家庭相當歧視，因為他們認為——貧困是當事人自己的責任。

但讀了此書，誰還會如此認為呢？

貧困有貧困的DNA，書中即有母女兩代都在賣春或在色情行業打滾的例子。若不從制度、社會認知、概念去改變，誰也無法拯救這些在底層打滾，隨時都可能死去或去死的女人——其中許多是少女。

日本如此，臺灣何嘗不是呢？

如果不理解這種狀況，就無法真正切斷貧困的連鎖。

許多人或許覺得這樣的處境跟自己無關、跟自己的女兒或孫女無關。但錯了！正如現在誰都可能踩到貧困地雷而淪為下流老人、下流中年、下流家庭；也正如我現在自認為經濟狀況位居中層，但事實上社會兩極化，我或許早已不斷底邊化……**什麼狀況都可能是自己明日的寫照！**

這不是偏頗的現象。許多人以為只有際遇較特殊的少女、女人，才會去賣春或從事色情行業。但現在，即使是家境不錯、成績優秀的女孩，可能會對未來懷抱夢想，或是因為寂寞、需要零用錢等因素而去接觸性工作，例如「ＪＫ（女高中生）產業」；許多住在郊區、收入較低的年輕女人，也會每週一、二次客串賣春來貼補生活，成為她們打工的方式；也有許多少女、女人並非出自於經濟目的，而是在尋找能安身立命的地方，尋找能休憩、得到認同，以及有溫度、溫暖的場所。

但比起上述從事性工作的「普通」少女、女人，還有許多無法被看見，而在底層掙扎的女人。她們或許經歷過父母虐待、棄養、家暴，導致精神憂鬱、身心失調等結果，墜入貧困的地獄，怎麼努力也爬不出來。然而，不僅他人不知道要怎麼伸出援手，就連大部分的人都把她們當作垃圾屑片般對待。

如果真的了解這些女人是靠一次性賣春等賺點蠅頭小利求活，就不會隨便吐出「這是妳自己的責任！活該！」的話來；如果得不到了解，真不知她們的憤怒與冤枉要發散到哪裡去！

日本單身工作的女性中，每三人就有一人的年薪未滿一百一十四萬日圓（約新臺幣三十四萬元），愈來愈嚴重的是十幾歲的少女與二十幾歲年輕女人的貧困。

根據日本厚生勞動省的調查，二〇一二年日本女街民的人數約占所有遊民的三・五％至四％，相對於二〇一二年法國的三八％，算是比較低。但是，這些街民只指流落街頭、公園、河邊、車站等女人，不包含早就無家可歸或居無定所，而在許多免費公共空間和網咖間徘徊的女人。她們是所謂的遊民無誤，有人飄流五年以上了；只是她們看起來還算乾淨，會在網咖淋浴，身上比較不會有味道，還能去打點工。

許多貧困女子原本有固定工作，但因職場黑心化，身體做到吃不消，還被迫辭職——**像是報廢的道具，用壞就拋棄**。沒多久，她們便貧病交迫，最後付不起房租，只好開始流浪的生涯。

現在，日本女人陷入貧困的年齡層愈來愈低，許多人幾乎是十幾歲時人生就已確定，翻轉不易。貧困大抵是遺傳來的，尤其出身單親家庭的最多，日本母子家庭約半數是年薪不滿一百二十五萬日圓（約新臺幣三十八萬元）的貧困階層，這樣的貧困家庭，容易「量產」出不見天日的最貧困女子。

本書很精準地分析從貧窮、貧困淪為「最貧困」，是因為失去了「家庭」「地緣（社區）」「制度（行政支援與社會保障）」三種緣分，再加上「精神」「發展」「智能」三種障礙，並列舉許多不同類型的個例，不禁讓人嗟歎：「到底要怎麼辦才好？」這些處在最底層的女人，究竟怎麼做才能解決她們的問題、改善她們的處境？

社會對於賣春是歧視的，但是對於貧困的歧視與冷淡也不下於賣春，真的是所謂的「笑貧不笑娼」。然而，日本社會對於女人更是充滿歧視與偏見，尤其對單身女人幾乎沒有提供什麼支援制度，即使去申請生活保護，也常被認為：「妳大不了還可以賣身呀！」二〇一四年六月，大阪市市府職員還對前來申請生活補助的女人說：「妳不會去當泡泡浴女郎啊！」

就連負責生活補助的行政官員都認為女人最後還可以去出賣肉體，女人的處境真的很艱困；再加上煩瑣的手續、無法取得證件，以及傷人自尊的質問，都是逼迫女人跟制度絕緣而陷入「最貧困」的眾多原因之一。至於少女，她們很快就被送回施虐的雙親身邊，或是待得很痛苦的機構，從小對人、對「普通社會」就闕如的信賴感又再次被剝奪。

最貧困女子拿肉體，尤其是性器當作生存道具，年紀輕輕，卻全身是病。例如，從小學五年級就開始賣春的少女，身上都是被虐的傷痕，她說道：「如果不能賣春，我就會死。」也有女人為了紓解對賣春對象的厭惡感，靠服用迷幻藥來麻痺自己；也有才二十幾歲的年輕女人在應召站接客，沒客人上門時居然被告知哪裡可以賣肝臟……當然也發生過此書未提及，卻更為悲慘的例子——為了償還牛郎男友的負債，最後真的只剩臟器可賣的年輕女人。

然而，讀了作者所採訪的幾個活生生的例子可以知道，即使淪為最貧困女子，但她們仍有許多善良、頑固的原則。例如，怕孩子遭受歧視而不去申請生活補助，想跟孩子在一起勝於一切的單親媽媽；即使窮到三餐不繼，也懷抱著當甜點師傅、美髮師等夢想的年輕女孩。而這些歹命的最貧困女子，再也無法度過不必擔心受怕的日子，連要確保一晚的住處都那麼不容易。她們慘痛的故事讓讀者跟著陷入絕望深淵的同時，也會開始珍惜自己眼前還擁有的平凡小確幸。

最後，作者在探討了各種可能解決的方向外，還特別提出了「將戀愛方法系統化」。最貧困女子都渴望愛情，誤以為沒邂逅到值得付出全部的好男人，那是因為至今的人生中，沒有好的體驗教她們如何愛。她們對愛情異常缺乏安全感，不敢專一投入，因此糟蹋或揮霍掉許多愛情，又試探過度或劈腿，最後自爆，走向不幸。討論最貧困女子時，應該加入戀愛這個選項，是很獨到而可根治的看法！

最貧困女子——不敢開口求救的無緣地獄

目次

第一章　貧困女子與貧充女子

貧困女子とプア充女子

第二章　貧困女子與最貧困女子的差別

貧困女子と最貧困女子の違い

第三章　最貧困少女與賣春

最貧困少女と売春ワーク

第四章　看見最貧困少女

最貧困少女の可視化

第五章　最貧困女子的需求

彼女らの求めるもの

前言

最貧困女子——不敢開口求救的無緣地獄

前言

二〇一四年一月，日本NHK的節目《現代特寫》播放了〈看不見明天——日趨嚴重的「年輕女性」貧困化〉專題，引起許多迴響。勞動年齡人口中，每三個單身女性勞工便有一人年薪不滿一百一十四萬日圓（約新臺幣三十四萬元）[01]。節目以貧困女子的年齡多半集中於十歲出頭到將近三十歲為前提，拍攝了貧困女子痛苦的現實生活。播出之後，其他媒體紛紛仿效，製作各種特集，介紹女性的貧困問題。貧窮的女性勞工又以單親媽媽最多，「貧困女子」的認知度隨著報導增加而提升。

另一方面，也出現了「溫和派不良少年少女」和「貧充」等分析屬性的名詞。前者是博報堂的市場分析家原田曜平所提倡，意指雖然收入少，和家鄉的朋友與家人卻關係緊密，生活品質較為充實的年輕人。後者是宗教學家島田裕巳所提倡，相較於為了提高所得而耗費大筆時間的人，年薪三百萬日圓（約新臺幣九十萬

01 根據日本分析年薪的網站「平均年收.jp」推算，二〇一五年度日本人的平均年薪是四百二十五萬日圓（約新臺幣一百二十八萬元）。

元）的人，其生活品質應該更高。

以現代年輕人的平均所得來看，年薪達三百萬日圓已經算是「有錢人」[2]，因此我認為「貧充」理論似乎有些謬誤。然而在出現這些相對理論的環境下，貧困的問題愈是受到矚目，就愈是引發混亂。

究竟貧困的定義是什麼呢？許多社會運動家和社福人士已經詳盡分析，我在此便割愛，不再贅述。但是根據我個人的考察，除了收入少之外，還要加上「三種無緣」或「三種障礙」才會陷入貧困。

三種無緣是指「家庭無緣」「地緣無緣」「制度無緣」。所謂家庭無緣是指遇到困難時，缺乏家人或親戚伸出援手。例如，父母本身也貧窮，無法幫忙。家境清寒，代表無法透過獲得良好的教育以保障日後所得，也就是無法自我投資——雖然最近即使受過高等教育也無法保障所得了。而地緣無緣換句話說就是人際關係的無緣，意指痛苦時身邊缺少能商量和幫助的朋友。制度無緣

02 - 根據日本分析年薪的網站「平均年收.jp」推算，二〇一五年度二十到二十四歲年輕男女的平均年薪是三百二十八萬日圓（約新臺幣九十八萬元），其中包含合計四個月份的獎金。實際上許多公司並未支付獎金，或是獎金並非以四個月份計，因此金額應該更低。

則是指社會保障制度不完善、認知度低及不實用，例如，大家都知道生活扶助制度掌握需要者的比率過低。單單出現一項條件不會陷入貧困，而是上述條件全部符合才會落入貧困的境地。

另一方面，三種障礙指的是「精神障礙」「發展障礙」「智能障礙」。這三種要素可能會引發歧視，必須審慎討論。然而上述的三種障礙也是導致「三種無緣」的原因，因此無法忽略。例如，憂鬱症患者與思覺失調症患者，由於精神疾病而無法獲得穩定的工作，甚至由於難以看護而造成和家人、朋友及制度無緣。ADHD或泛自閉症障礙（例如亞斯伯格症候群等等）相關的發展障礙，由於患者的個性難以接近，和精神障礙一樣成為「援助的阻力」。智能障礙在法律的分類上似乎屬於精神障礙，然而，無法取得身心殘障手冊的輕度智能障礙者，或是介於障礙與非障礙的邊緣人，畢竟還是無法獲得穩定的工作與援助。

我不過是一介記者，上述的分類只能說是門外漢根據截至目前的採訪所推論出的結果。然而各位讀者看過本書之後，至少應該不會再相信「也是有努力打拚的窮人，無法擺脫貧窮是自己要負責」這種說法，這是最傷害當事人的。至於如何協助這些人，我想把具體的討論留給其他專家。

儘管如此……

社會上還有一群女性被排除在分類、分析、論證及討論之外。她們在眾人看不見的貧窮地獄中掙扎，其中甚至包括未成年少女。這些埋沒在性產業（包括賣春與色情行業）中的「最貧困女子」，是我採訪的對象中最為悲慘的一群人。

「性工作的收入不是很高嗎？」「進入性產業是個人的選擇，當事人得自己負責吧？」「女生真好，還有身體可以賣！」相信很多人會這麼說。我已經聽這些反駁聽到耳朵都長繭了。雖然性工作給人高收入的印象，這群從事性工作的女性卻明顯處於貧困的狀態。她們不僅符合三種無緣或三種障礙的任一條件，甚至還有人同時具備四到五種成因。儘管如此，她們卻往往被排除在貧困議題的討論之外，還常常成為備受歧視、批判，以及缺乏理解的對象。

這是因為她們的貧困與痛苦，世人都「看不見」。性工作不僅造成眾人看不見她們的困境，同時也是「貧困女子」淪為「最貧困女子」的原因，甚至導致應當拯救她們的人士與制度也遠離了她們。

「大家都不照顧的人，最需要親切的照顧呀！」

這句話出自正田篠枝的童話集《閃子》。正田女士一直關心廣島原爆的被害者。雖然我是小時候讀到這句話，卻覺得這正是社會福利支援弱勢的精神所在。

「最貧困女子」不易看見、不易了解又麻煩——但是我希望大家不要忘記，不要放棄，也不要瞧不起她們。這本書的目的是呈現她們原本不為眾人所見的痛苦。

一

貧困女子とプア充女子

貧困女子與貧充女子

貧困女子——小島涼美（二十三歲）的例子

二〇一〇年十月，二十三歲的小島涼美在神奈川縣ＪＲ線川崎站前的卡拉ＯＫ包廂中，拿出一個蓋了紅色印章的信封。紅色的印泥呈現「存證信函」字樣。信封裡是一張紙，上面印著大大的「房租催繳通知」，底下是公事公辦的文章——

臺端與〇〇締結下述建築物之租賃合約，然扣除平成二十二年一月至平成二十二年八月已繳納之房租，尚積欠房租三十二萬日圓（約新臺幣十萬元）。接獲本存證信函後七天之內，請支付積欠之所有房租。倘若未於期限內繳納，將解除臺端之租賃合約。

紅色粗框中印的是明朝字型的直書文字，嚴厲的用字遣詞，光用看的胸口就有種強烈的壓迫感。我讀完這封簡短的最後通牒，抬頭望向小島，發現她一臉恍惚，凝視著無聲的伴唱帶畫面。

「這份文件說到八月，那八月之後呢？」

聽到我的疑問，小島面無表情地轉過頭來，又面無表情地這麼回答我。

「結果我沒有付房租，就帶著手邊的行李逃走了。逃出來後的兩個月一直住在那裡。」

「那裡」指的是離卡拉OK步行幾十步的網咖，小島是所謂的「網咖難民」。

「打工是租房子時找到的，現在也還在做。那間咖啡店的甜點跟蛋糕很有名。我負責結帳和接待客人。不過我想我應該會被開除。要是老闆發現我被趕出公寓，應該會開除我吧？然後我還有對人恐懼症……還是視線恐懼症？總之，我要是和人對上眼，就會很緊張。老實說要我接待客人實在很難，真的很難。打工的時薪是九百塊（約新臺幣二百七十元），從早上十點工作到下午六點，每個月（扣稅之後）只有七萬塊（約新臺幣二萬元）左右[3]。我很想辭掉這個打工，可是要辭也要先找到下一個打工。這個打

---

03 - 在日本生活必須支付住民稅、所得稅、國民年金及健康保險。假設小島的打工一次做八小時，一個月做十五天，一個月應該要領十萬八千日圓（約新臺幣三萬元）。然而，她的年薪超過一百二十五萬日圓（約新臺幣三十八萬元），必須支付一成的住民稅；但其年薪又在一百九十五萬日圓（約新臺幣五十九萬元）以下，所以所得稅額是五%；國民年金的試算繳交金額是十九萬五千二百一十日圓（約新臺幣六萬元）；健康保險則是七萬八千二百七十二日圓（約新臺幣二萬元）。因此，平均下來，一個月只能實領六萬九千零一十七日圓（約新臺幣二萬元）。

工中午和晚上可以吃蛋糕跟吐司。晚上其實不可以吃，可是我都會躲起來偷吃，所以排班的日子可以省餐費。這週我去應徵了兩個打工，都沒錄取。離開公寓之後一共應徵了二十個打工，可是全部都沒上，實在一點辦法也沒有。我全都應徵提供住宿、不需要接待顧客的打工。但是現在提供住宿的打工很競爭，幾乎在我打電話去問的時候就已經找到人了。」

小島微黑的圓臉有些豐潤，戴著粗框眼鏡，略帶咖啡色的捲髮綁成馬尾，垂在後面。明明才二十三歲，卻處處出現顯眼的白頭髮。像松鼠般有點突出的門牙，似乎因為蛀牙而呈現紫綠色。和我說話時絕對不面向我，視線總是在桌面上游移。她的說話方式彷彿在自言自語，的確和她本人說的一樣——不適合從事服務業。

「果然還是要高中畢業嗎……明明徵人廣告說不需要學歷和證照。如果需要就不要這樣寫啊！」

小島用力嘆了一口氣，雙手摀臉，陷入沉默。

「房租該怎麼辦？什麼是存證信函？對方寄這個來是要告我對

吧？警察會把我列為通緝犯來找我嗎？我逃出公寓時可能忘了帶走能查出打工地點的資料。警察查了，會來我打工的咖啡店找我嗎？我信用卡也一直沒繳，要是警察來了我一定會被開除吧？」

小島常去的網咖，過夜包套的價格是一千七百日圓（約新臺幣五百一十元），還可以沖澡。倘若每天都住網咖，一個月會超過五萬日圓（約新臺幣二萬元），所以她常常仰賴家庭餐廳的飲料吧撐過一整夜。然而在家庭餐廳睡著的話，店員會過來關切，因此靠著在二手書店買來的一百日圓（約新臺幣三十元）文庫本打發時間。那本書是詩人銀色夏生的詩集《月夜撈起的冰》，已經被讀到破破爛爛的了。

這一天，小島身上只有八千日圓（約新臺幣二千四百元），咖啡店的發薪日是兩星期之後。

「原來我不如狗……」

小島的出生地跟我們見面的地點一樣，也是在神奈川縣。但是她的家鄉和海港川崎完全相反，是位於內陸的深山小城。她家是現代難得一見的大家庭，一共有四個小孩，她排行老么。現在已經很少家庭有四個孩子的了。家庭環境複雜，上面三個哥哥跟她同父異母，就連最小的哥哥都和她差了十歲。父親和哥哥的母親分手後，與小島的母親再婚。父親經營地區性的運輸業，小島是父親四十五歲之後出生的孩子。

父親的個性雖然嚴厲，卻很熱心。他在自家院子蓋了組合屋的宿舍，讓公司僱用的幾名司機住在宿舍裡。景氣好時還會請員工喝酒，叫小姐來助興。小島的母親原本是父親經常委託的接待小姐派遣公司員工。小島從小對母親的印象是「總是在睡覺」。母親不易親近，所以小島小學放學之後，多半是回到父親的公司，而非家裡。

父女之間不常對話，小島又是個不懂如何撒嬌的孩子。但是她很喜歡父親。父親為了讓小島打發時間，還在公司的接待室放了電視和電動玩具。

小島升上當地縣立高中三年級時，父親得了癌症，半年之後便離開人世。隨著父親過世，小島的家庭也立即破碎。

其實小島的父親欠了一屁股債。為了公司的周轉資金，不僅向信用合作社等金融機關借錢，也幾乎跟所有親戚借過錢。一聽到小島的父親過世，連未曾謀面的親戚都跑來家裡大肆搜索，翻遍衣櫃到壁櫥上方的天花板。他們前來搜刮現金和有價證券，想趁查封前回收債務。發現沒有現金跟有價證券，便開始搬走家裡值錢的東西。除了電視、冰箱等家電與家具，還從兒童房拿走小島從小珍藏的漫畫。

親戚來翻遍家裡時，小島的母親似乎刻意出門去了。但是當她回家發現自己的珠寶和名牌不見時，便打電話報警，引起一番騷動。她同時還責備小島為何不阻止親戚拿走自己的東西。

「媽媽對我說是因為懷了我，才跟爸爸結婚的。她並不喜歡爸爸，還說生了我是她人生的損失。我原本就知道那個人是這樣想，可是等到她真的說出口，才覺得：『啊，是喔？』那些她買的名牌，也是用爸爸的錢買的啊！如果是爸爸借錢買來的名牌，被拿走也是應該的吧？我一這麼說，她就打了我一巴掌。自從挨打之後，我就再也沒跟那個人說過話。她還說我已經十七歲了，應該要自己想辦法。」

幾天之後，小島的母親帶著她的愛犬離家出走。她連張字條也沒留，和小島說的最後一句話是：「妳高中要怎麼辦？」就算母親這麼問，小島也不知道學費能付到什麼時候，通學用的月票也在暑假前就過期了。小島是因為行李和狗不見了，才發現母親離家出走。她雖然覺得「原來我不如狗」，卻又莫名地釋懷。

「我不如狗，表示我不需要做女兒該做的事，也沒必要做一般女兒會對母親做的事，這樣想會比較輕鬆。我想我大概不喜歡媽媽，沒有什麼特別的理由，只是單純不和。我從小就當不成媽媽心目中的寶貝女兒，又覺得這樣的自己不行。不過既然媽媽都這麼做了，我也就釋懷了。我不需要再勉強自己了。」

小島當時才十七歲。雖然父親欠了一大筆債，但我覺得所有親戚還是應該幫助小島，思考她未來人生的方向。然而親戚們卻說，想繼續住在家裡就得付房租，儘管房子不知道什麼時候會遭到查封，不過「既然是住在拿去抵押貸款的房子裡，就該付房租」。最小的哥哥聽到這番話勃然大怒，於是小島便暫時借住在兄嫂家。

「哥哥家是兩房的公寓，那時候嫂嫂剛生了第一個小孩，所以跟我說家裡沒有多餘的空間，叫我不要待太久。我先去爸爸客戶開的運輸公司做行政的工作，可是去了之後被專務（社長的妻子）嚴重霸凌，所以就沒去了。我原本喜歡做甜點，於是去提供宿舍的甜點公司上班。本來以為進去了就可以做甜點，結果是負責包裝和寄送。那些甜點都是機械做的。那時候的薪水東扣西扣（扣除宿舍費用和各種稅金，水電瓦斯免費）只剩十一萬（約新臺幣三萬元），但是我一點也不覺得少。因為上一間運輸公司才給五萬，所以我覺得十一萬好多。嗯，不過我當初還在試用期就沒去運輸公司了。然後甜點公司還可以預支薪水，所以我覺得也不算糟。」

小島在甜點公司工作了四年，也存了一點錢。她其實有過一個夢想——利用儲蓄和獎學金制度完成高中學業，去上烹飪的職業學校，成為甜點師傅。

直到向地下錢莊伸手

但是當她手邊有錢時，卻做出了錯誤的決定。

「問我為什麼……其實我到現在也還是說不出個所以然。那時候我為了買東西而去Z町，在路上受到推銷。對方是電腦學校的推銷員，我不知該怎麼拒絕，於是去上了試聽課程。結果變成用信用卡買課程，花了二十五萬（約新臺幣八萬元）。那時候我有三十萬（約新臺幣九萬元）的存款，但是如果不花存款，全部用信用卡支付的話，每個月只要付一萬四（約新臺幣四千元）就可以了。那時候我相信考到電腦證照，什麼工作都能做，對求職比較有利。結果上了幾次課，甜點公司就倒閉了。」

那是二〇〇九年年底的事，小島的人生瞬間隨之跌落谷底。她一直沒拿到最後一筆薪水。一位（疑似）負責公司破產手續的律師，給了小島一張名片，告訴她得在七天之內搬出宿舍，這段期間雖然可以用水電，但是希望她盡量不要用。儘管小島得馬上找到下一份工作和房子，但這兩件事對她而言都很陌生。

她戰戰兢兢地前往不動產公司，老實告訴對方自己目前的狀況——由於公司倒閉而失去工作、不想聯絡哥哥所以沒有保證人，以及存款金額寥寥無幾。每一間不動產公司聽了都說：「這樣找不到房子吧？」她走到雙腿僵硬，最後找到的是之前提到的「積欠半年房租」的公寓。

「那間不動產公司的老闆娘是個很可怕的歐巴桑，明明是女人卻燙了一頭小捲。她對我說了很多嚴厲的話，我也累癱到哭了起來。歐巴桑說只能介紹我得付禮金和押金的房子，不過要是我付了那些手續費就沒辦法生活的話，可以跟房東商量，把手續費分攤到每個月的房租裡。我想歐巴桑大概是個大好人，她告訴我公司應該會給我失業津貼，要我打電話給律師，也跟我說可以去職業介紹所找打工。然後還叫我去那個勞工什麼的……」

小島的情況正是所謂「上帝關了你一道門，必為你開了另一扇窗」——不動產公司老闆娘指導她這種時候該採取哪些行動。所謂「勞工什麼的」，應該是指勞工保險局或是甜點公司的工會。小島好不容易找到房租四萬五千日圓（約新臺幣一萬元）的三坪大公寓，卻完全忽略不動產公司老闆娘給她的建議——因為她的力氣到這裡就用盡了。

她應徵了各種打工，面試卻接二連三地失敗。宿舍可以共用廚房、冰箱及洗衣機，住進公寓卻得全部自己準備。雖然律師叫小島跟他聯絡，小島卻沒有跟對方交換聯絡方式，又在搬家忙亂時搞丟了名片。儘管持有使用預付卡的手機，但每打一次電話應徵工作，餘額便隨之減少。應徵幾乎都得不到面試的機會；難得去面試又得耗費大筆交通費。然而，只要晚三天繳交電腦教室的貸款，催繳電話馬上就打來了。

搬家後的第一個月月底，小島的財產在匯完房租之後只剩不到十萬日圓（約新臺幣三萬元）。她用在甜點公司工作時辦的信用卡，借了好幾萬，同時暫停應徵打工。

「你不覺得如果一天只要做三件事，還能依照順序完成。但是如果得做十件、二十件事，就連開頭的第一件事也做不了嗎？我失去幹勁，想說睡覺就不會肚子餓，所以一開始只吃泡麵。搬進公寓時正值冬天，我又沒有棉被。雖然水電可以用，卻捨不得花錢，所以沒打電話聯絡瓦斯公司。是說我也沒買瓦斯爐。二手家電行有賣一千五（約新臺幣四百五十元）的熱水瓶，我就買來泡泡麵。然後還買了一千二（約新臺幣三百六十元）的電暖爐。但是今年（二〇一〇年）不是特別冷嗎？四月還下了雪。我連開了電暖爐都覺得房間裡好冷，所以晚上跑去便利商店站著看書。不過還是最常去家庭餐廳點飲料吧來喝。甜的飲料喝了雖然想跑廁所，肚子卻會飽，所以我倒了滿滿的糖漿。我還在有熱水的地方擦身體和洗頭，可是好像被店員發現，對方惡狠狠地瞪我。」

小島去家庭餐廳撐過夜晚，等到白天客人變多便離開。如果天氣好，則去找曬得到太陽又不會吹到風的地方待著。她說，春天的腳步真是遠。小島的生活根本已經是半個街友。然而儘管殷切期盼的春天終於到來，她還是找不到打工。等到找到現在的蛋糕店打工，也已經是黃金週[4]之後的事了。

小島坐在卡拉OK的包廂，告訴我自己成為網咖難民之前的人生。她說話斷斷續續，有時又前後顛倒。看著眼前的她，一眼就能知道她目前的生活有多麼貧困——表情疲憊，肩膀無力垂下，運動服領口皺巴巴，牛仔褲的大腿部分骯髒，又搭配一雙同樣有點髒的白球鞋。說話時腿總是抖個不停。衣服散發一種沒晾乾就收起來的臭味，可能是沒洗乾淨吧。

「我不知道該怎麼辦，不過我想還是我不好……都是我不好，

04 — 黃金週：日本每年四月底至五月初的國定假日。

所以該努力的時候努力不起來，或是做了錯的選擇。」

她接受採訪的一星期前，終於撐不住，向地下錢莊借了四萬日圓（約新臺幣一萬元）。除了手上的八千日圓，她還另外準備了這筆祕密武器。地下錢莊的老闆告訴她，要她每星期還一萬日圓（約新臺幣三千元），分成八次還。其實小島原本借了五萬日圓，但是地下錢莊先收一萬日圓當作「第一次償還的保證金」。如果第一次還錢時繳了一萬日圓，這筆保證金就會退給她——換句話說，第一個星期不用還錢。雖然這規則有些複雜，但小島似乎很感激。

「這就表示我接下來的十三天都不用還錢。所以下次我不能再失敗，一定要好好加油。就算一星期找不到，只要兩星期內找到其他打工……但是就算我找到提供住宿的工作，催討房租的信還是會寄去宿舍嗎？我很擔心這件事。鈴木先生，如果是你，你會怎麼做？」

「成為地下錢莊難民的女性」

我不是研究貧困問題的學者，也不是社會運動者，不過是個雜誌的記者。我主要負責的項目是黑社會、犯罪事件的加害人，以及非行少年少女[5]，因此採訪了許多身處社會陰影下的人，當中也包括了許多貧困的女性。其實安排我採訪小島的人，正是借了她五萬日圓的地下錢莊老闆。對方三十多歲，名叫真嶋。

他留著染成灰色的長髮，黑色的肌膚是去日曬沙龍的成果。他身穿破牛仔褲、純白色的皮鞋、筆挺的襯衫及項鍊，一副穿便服的牛郎模樣。真嶋是所謂的「個人地下錢莊」。他沒有自己的店面，也不是受僱於公司。他自行開發客源，向金主調度資金。金主是所謂的不良投資家，真嶋則是跟當地的黑道調錢。他也自己回收債務，部分利益則上繳給金主。

「你覺得小島如何？她真是個大麻煩。我聽了她說的話，覺得她很可憐，就把錢借給她了。我也實在太天真。乍看之下以為她

05 - 非行少年（少女）：根據少年警察隊的解釋，是指蹺課、逃學、逃家，或有偷竊、恐嚇行為等徵兆的少年（少女）。

很可愛，仔細一看發現根本不是這麼一回事。本來以為臭味洗一洗就會掉，可是繼續聽下去發現她沒交過男朋友，還說自己是處女。我原本心想，既然她落魄到這個地步，叫她去賣身或是陪酒，就能把錢拿回來。結果她居然說她想開什麼甜點店、當什麼甜點師傅……真不知道她在想什麼。」

真嶋露出困惑的表情，一邊對我說，他偶爾會犯下一般地下錢莊業者不會出現的「錯誤」，或是借錢給根本還不起的客人。這可能是因為他本身經歷過的貧困與虐待更勝於小島——他雖然是男生，卻遭到繼父的性虐待，為了生存而嘗盡苦頭。雖然成長經歷十分艱辛，不過他的目的卻是我的「採訪紅包」。

我從事記者的工作以來，一定會包紅包給介紹採訪對象的人與受訪者。真嶋應該覺得小島還不起錢，所以好歹用採訪紅包來貼補一下。

「電視上不是常出現被解僱的派遣員工或是網咖難民嗎？鈴木先生，你介紹電視臺的人給我吧！上節目會有通告費吧？我可以介紹很多適合上節目的人喔！」

我告訴他電視臺基本上不會給黑社會分子謝禮時，真嶋雖然一邊賊笑，卻也很失望，露出奇妙的表情。

「是～喔……有夠小氣的……那只好叫她們脫了！那些網咖女難民上雜誌拍全裸告白之類的，應該會賣很好吧？」

「那種專題是跟當事人採訪，另外找裸體模特兒的經紀公司提供模特兒來拍照，我想根本賺不到錢喔？」

「是喔……真無聊～」

這就是我們之間的對話。

我跟真嶋重複過許多次類似的對話。原本我採訪小島的目的，並不是為了「成為網咖難民的女性」，而是「成為地下錢莊難民的女性」。當時正值二〇一〇年六月，日本政府用來規範融資公私的《貸金業法》修正，進入了最後實施階段——執行「總量限制」。這是為了避免金融服務業者過度借款給消費者，規定包括信用卡預借現金等金融業務的放款額度上限，必須是消費者上一年所得的三分之一。「總量」是指消費者向數家金融服務業者借款時，各家公司的放款總額。有些消費者無法提出所得證明，或是挖東牆補西牆，例如用A公司的預借現金償還B公司信用卡貸款。這類消費者多半在法令修改後因為「超過總量」而無法繼續向一般金融服務業借款，只好轉向地下錢莊。

已經努力到不能再努力了……

小島的情況嚴格說來，不算地下錢莊難民——她沒有多重債務，反而是無法辦信用卡。不過我可以給她很多建議。

首先是欠繳房租的問題，由於小島違反的不是刑法，警察不會找上門。儘管已經犯下錯誤，但倘若每兩個月帶一半的房租去找之前給她忠告的不動產老闆娘，就能視為有繳交房租的意願——只要維繫好最基本的信賴關係，對方也不會寄來存證信函。如果有心當個壞房客繼續賴下去，日本的法律其實保護房客勝於房東。

房客欠繳房租八個月，房東應該會要求不動產公司負起管理責任。小島之所以可以積欠八個月，應該是捲捲頭歐巴桑看她可憐，努力為她求情的結果。不然就是那棟房子本來就一直租不出去，或是住了惡意拖欠房租的房客。無論對方會如何破口大罵，總之先去一趟不動產公司，把事情說清楚比較好。如果有需要，我也可以一起去。

對於小島而言，蛋糕店的打工就像生命線。如果蛋糕店因為她離開公寓而解僱她，算是不當資遣。因此，事先告知蛋糕店老闆目前的困境會比較好。如果坦承告知卻遭到解僱，也還是勞資問題。

小島沒有任何資產和存款，身上只剩八千塊日圓（再加上少許向地下錢莊借的錢），明顯需要接受《生活保護法》所規範的緊急庇護。如果找得到援助人士陪同，就可以帶她去和福祉事務所[6]交涉。這種時候，我也可以陪同前往。問題是，小島離開甜點公司的宿舍時，沒有變更住處，住民票[7]上的居住地還是原本宿

06 - 福祉事務所：日本地方政府的社會福利行政機關。

07 - 住民票：類似臺灣已經廢除的流動戶口，日本地方政府以此資料管理轄內的居民。

舍的地址。接受生活扶助時，必須住在住民票所標示的住處。小島離開還不到一年，我想應該還不至於到「職權消除」[8]的地步，也就是未繳納住民稅，導致住民票遭到刪除的狀態。儘管如此，小島還是需要地址。當時開始出現網咖，提供把網咖地址登記在住民票上的服務，也有女性專用的民宿提供相同的服務。比起網咖的過夜包套，女性專用民宿每個月可以省下不少住宿費用。既然跟地下錢莊借錢了，不妨把這筆錢拿來當作搬進民宿的費用，我也可以提供無息借款。

說到這裡，我記得也有相同處境的女性暫時借用地下錢莊老闆的地址，接受生活扶助。不過我實在不建議小島這麼做，也可以想見，如果跟真嶋拜託，對方一定會露出「為什麼我得為了這個女人做到這種地步」的表情……

儘管我把這一切畫成圖說明，好讓小島容易了解，當事人卻一副聽不進去的樣子。她很在意接受生活扶助之前，必須確認直系親屬和兄弟姊妹的扶養義務。

08-職權消除：類似除戶。

「我不想再麻煩哥哥了。當初離家獨立（住進甜點公司的宿舍）時，第三個哥哥，應該說是嫂嫂，她還給了我一筆錢。而且我也不知道上面兩個哥哥的聯絡方式。我媽？那更不用提了！問（第三個）哥哥應該是會知道啦，可是我跟我媽已經沒關係了。我也知道哥哥家生了第二個小孩，生活很辛苦，去找他們也是給嫂嫂添麻煩。我搬出去時，嫂嫂當初給我的錢就像贍養費，我們算是斷絕關係了。」

呃，所以接受生活扶助之前，必須先確認「哥哥們不想，也不能扶養妹妹」——所以這不是給他們添麻煩。然而就算我如此說明，小島還是聽不進去。

「可是我想讓哥哥嫂嫂們知道我努力到最後一步，也想讓他們看到我努力的樣子。現在我借到了錢，兩週之後就會有成果。我現在才剛下定決心，也會加油，所以我沒事的。等到我努力出了成果，也會去跟不動產公司的歐巴桑道歉。」

聽了小島的成長歷程和生活情況，我認為她已經努力到不能再努力了，但是她徹頭徹尾就是個認真又頑固的人。另外，雖然這麼說對真嶋很失禮，不過小島其實根本不用償還地下錢莊業者超收的利息。儘管如此，她還是一直說：「真嶋先生是我的恩人。」

結果我把錢裝進信封裡，給小島一筆超過平常採訪紅包的金額。但是所謂的貧困，就是今天嚷著要加油，但隔天就沒辦法再繼續努力。小島已經算是比較努力的人了。然而三個星期之後，我還是從經營地下錢莊的真嶋口中聽到——小島落跑了。

「我當初就覺得小島會落跑，所以我把她叫來，叫她把手上的錢都還給我。錢是收回來了，不過她還是落跑了。她還說我是她的恩人，真是笑死人了！手機打不通、找也找不到，真是好險。勉強收回來的錢加上你給我的介紹費，剛好（五萬塊）打平。唉，但是加上我費的精神，算是賠錢了。不過我還知道其他更窮的女人，你去採訪她們吧！」

真嶋一告訴我小島失蹤了，我就跑去她住的網咖和附近找人，卻都沒看到她的身影。到了晚上，我還去家庭餐廳和二十四小時營業的麥當勞找人，結果也是一樣。

小島告訴我的手機號碼是使用預付卡的門號，真嶋拿到的也是一樣的聯絡方式。預付卡手機一旦超過額度便無法通話。我很後悔當初沒有確認她打工的蛋糕店店名。但是我不過是個記者，管閒事管到這個地步真的好嗎……

我給過小島名片，告訴她如果真的不知如何是好時可以聯絡我。有些受訪者也真的會聯絡我。然而過了三年半，小島至今還是沒跟我聯繫。

對於貧困女子的報導充滿困惑

可能是我已經麻痺了，但是我要再三強調，我主要的採訪對象是黑社會、犯罪事件的加害人，以及非行少年少女。採訪各式各樣處於社會陰暗面的人士時，我看到了各種貧窮，尤其是女性的貧窮問題。所以當我看到媒體現在以「貧困女子」為主題，稍稍報導女性的貧困問題時，也只會心想：「現在才報啊！」

我遇過陷入各種貧困狀態的女性——罹患精神疾病或是逃離家暴的單親媽媽；原本是派遣工或是短期雇員的無業女性；像小島一樣的網咖難民；從鄉下拎著一個行李箱就跑來都市，和人合住的女性；毒癮患者、賭博或去牛郎店成癮的女性；與殘障的手足一起生活的女性等等。

在我眾多的採訪對象當中，小島不過是我採訪時遇上又消失的女性之一。

貧困女子一詞逐漸為人所知，可以看到許多媒體爭相報導各種貧困女子的例子。但是我看了報導卻覺得很不對勁。

這些報導總是讓我覺得哪裡「不對勁」——各家媒體報導的例子的確十分貧窮，特別是NHK等電視媒體關於貧窮的報導，其感染力勝過我以文字記錄的事實，更清楚說明當事人所面臨的貧窮處境。儘管如此，我卻絲毫感受不到周遭對於貧困的諒解。

二〇〇九年年底出現「跨年派遣工村」[9]，媒體開始報導各種年輕的「窮忙族」；民主黨主政時，出現關於兒童扶養津貼的爭議，媒體因而報導了許多單親職業婦女的悲慘情況；或是媒體大幅報導有人濫用生活扶助……任何時候，我都感受到跟現在一樣的「不對勁」。

明明媒體播放的現場採訪，清楚表達了當事人的痛苦，周遭對於她們的抨擊卻愈是強烈。這究竟是為什麼？

回到二〇一四年春天，我為了某項採訪而前往北關東的某個縣市。我在那裡看到的情況，打從根本顛覆了我至今的採訪。

貧充女子——永崎詠美（二十八歲）的例子

當時是三月，我坐在受訪者車子的副駕駛座上。對方載著我，奔馳在北關東某縣寬廣的二線道國道上。開車的是車主永崎詠

09 跨年派遣工村：日本的NPO組織與工會成立的執行委員會，在二〇〇八年十二月三十一日設立「跨年派遣村」，營運期間由當日起至二〇〇九年的一月五日止。派遣勞工與契約工在年關的前三個月內，陸續被中止勞動契約或契約到期，導致約八萬五千人失業；加上年節期間行政機關放假，公營的社會福利行政等機關暫停對外開放。失業者無棲身之處的同時，無法適時得到生活上的相關協助。為協助他們保有住處與飲食等需求，在該村提供膳食、接受生活輔導與就業諮商、協助申請生活保護等活動。

美（二十八歲，假名）。事前詢問時，她便這麼告訴我。

「老實說，年薪一百五十萬（約新臺幣四十五萬元）的確有點辛苦，但是還不到生活不下去的地步。留在家鄉的同學就算有打工，排班往往也不固定，月薪八萬（約新臺幣二萬元）、九萬（約新臺幣三萬元）是理所當然的事，大家也還是這樣在過日子。」

永崎的月薪十三萬（約新臺幣四萬元），在家鄉的那群「膩友」（老是膩在一起的朋友）中，還算是賺得比較多的。她從簿記的職校畢業之後，在家鄉的衣物賣場當店員。當了八年的正式員工還只能領這種薪水，可以深切感受到貧富差距以鄉下為中心逐漸擴大，年輕人陷入低所得的情況[10]。平常在都市圈採訪黑社會的我，聽到永崎的年薪雖然有點吃驚，但更讓我驚訝的是，永崎竟然語帶得意地告訴我：「在這一帶靠月薪十萬生活是常識啊！」

為什麼月薪僅十萬日圓還「生活沒問題」呢？為了解答我的疑

10 一般日本大學畢業的社會新鮮人月薪約十九萬日圓（約新臺幣六萬元）；高中畢業則是十六萬日圓（約新臺幣五萬元）左右。鄉下的價格會更低。

問，今天的採訪就是請永崎向我介紹她的故鄉和私生活。我接受對方的好意，請對方當導遊，結果，一路上看得我目瞪口呆。

永崎的愛車在等紅燈時一直抖動，是一輛快要故障的輕型汽車。她卻在夜晚的道路上毫不留情地加速奔馳。我們穿過田地、住宅區、工業區，又進入田地，接著抵達霓虹燈看板群聚的商業設施區，彷彿來到位於沙漠中的拉斯維加斯。那裡有二手車行、速食店等餐廳，以及超級市場、遊樂中心、書店、快時尚的店家及腳踏車店等等。這些店家群聚於交通量稀少的幹道兩側，全部都具備廣大的免費停車場——這裡是現代典型的「鄉下大型路邊商店」。

永崎毫不猶豫地衝進一間大型二手商店的停車場，店裡從便宜的舊書、二手衣物、電玩、家電到家具，應有盡有。

「我如果要買東西，會先來這裡。從我上班的地方到我家的路上就有三間這種二手店，店面超寬敞，東西又多。連續逛幾家這種店，一天也不夠用對吧？」

店裡的確五顏六色，色彩繽紛，充斥大量商品，簡直像是迷宮。單是女性包包的賣場大小，就已經跟一間小型便利商店差不多。二手的T恤從一百日圓到一千日圓（約新臺幣三百元）不等。掛了「外套統統一千！」這種促銷標語的架子上，展示著假皮草大衣，而且質感看起來不差。這裡雖然是二手商店，卻也設有遊戲區。外表像是學生的年輕人在玩抓娃娃機；銀髮族則是在玩推錢機。

「其實挑衣服也有訣竅。比起去SHI○MURA[11]買一件五百塊（約新臺幣一百五十元）的便宜衣服，還不如買材質做工比較好、外觀又維持得很乾淨的名牌二手衣，才能穿比較久。外套穿過一季還能再拿出來賣。鞋子的話，約會的鞋子當然很重要，但是平常穿涼鞋不就好了嗎？我同一雙卡駱馳（Crocs）已經穿三年了喔！」

永崎詳細說明如何活用二手店來節省，其他時候也是下足工夫省錢。

我問永崎：「那跟朋友去喝咖啡時，也是一直待在GUSTO[12]喝飲料吧嗎？」她聽了卻驚訝地反問：「蛤？GUSTO？」

11・思夢樂（SHIMAMURA）：日本的廉價服飾品牌，在市郊設立大量分店。

12・GUSTO：雲雀國際股份有限公司（SKYLARK株式會社）旗下的餐飲品牌，餐點價格低廉。

「GUSTO只有飲料吧還可以，吃飯就太貴了。跟朋友見面還不如去大賣場或是量販店的美食街，買罐寶特瓶飲料，坐上幾個小時也沒人管。去GUSTO或家庭餐廳是生了小孩才會去吧？既然都叫『家庭餐廳』了（笑）。」

從食衣住行來看，「食」比「衣」更節儉。基本上國道沿路有好幾家百圓商店也兼賣生鮮食品，永崎和朋友的三餐，都是在這些百圓商店買了熟食，再搭配自己煮的其他料理。通貨緊縮之後開始流行「銅板美食」，但是他們的銅板美食「不是五百塊，而是一百塊」[13]。午餐通常是自己帶便當，或是輪流去職場附近的牛肉丼飯店、蕎麥麵店[14]及速食店吃。

「我嫌麻煩，所以沒記家計簿。不過每個月的伙食費大概一萬五（約新臺幣五千元）吧？不到二萬（約新臺幣六千元）。覺得肉吃不夠的時候就回老家吃飯，或是跟朋友一起去烤肉。我們這裡又鄉下，幾個大公園都借得到BBQ的工具。拜託在肉店工作的高中男同學，買個兩公斤的排骨，每個人分下來大概一千。所

13 日本的便宜便當，一個大概五百日圓，相當於臺灣人買五十塊的便當。

14 牛肉丼飯和蕎麥麵在日本都是便宜食物的代名詞。

以有大車的人，車上一定會放ＢＢＱ的工具。不會生火的男人就是沒用的男人。肚子有點餓就去吃迴轉壽司，那種一百塊的迴轉壽司。吃個三盤，回家再吃其他東西。最頭痛的是甜點。甜點我是絕不妥協的。便宜的甜點不好吃，自己做反而貴。說實話，我每個月的食費，就甜點的錢花最多，是家計上的一大負擔。」

聊完了食和衣，接下來是「住」。永崎每個月的房租三萬二千日圓（約新臺幣一萬元），格局是三坪大的房間加上兩坪半的廚房兼餐廳，另外還要加上停車位的租金三千五百日圓（約新臺幣一千零五十元）。以公寓來說，兩坪半的廚房兼餐廳算是寬敞了。她剛剛介紹的商業設施中，也有仲介租屋的不動產業者。雖然去的時候已經關門了，但外面還是放了免費的當地租屋資訊。我拿起來確認，永崎從旁對我仔細解說。

「這一帶只要有三萬（約新臺幣一萬元）就能住到套房。我住的地方三萬二，用的是免治馬桶，廚房還是ＩＨ電子爐。如果有五萬，就能住有兩房又有客廳跟餐廳的房子。最重要的是停車場，還有附近有沒有大馬路。我覺得最花錢的還是車子。這一帶除了大車站之外，車站前什麼也沒有。沒有車子，什麼事也不能做。我的車子是在我們這邊的超便宜二手車行買的，行駛里程八萬公里加上兩年車檢，一共二十五萬。貸款是還好，重點是油錢。所以如果工作地點換了，搬家還比較划算。搬家的話只要拜託有大車的男生，一下子就解決了，我的東西又少。」

「住」的固定支出中包含車子的費用，果然是以車子為中心的區域。

永崎和朋友最大的生活智慧就是「分享」。她的對話中經常出現「朋友怎樣」或是「和朋友怎樣」。這也是理所當然。他們的生活基本上建立在「互助共享」。假日和朋友出門時，通常是三個人各自開車去賣場的大型停車場集合，合開一輛車去每個人想去的地方，最後一起分攤油錢。

「所以男生如果是開不耗油的休旅車，就會特別受歡迎，膩友裡一定要有一個這種男生。大家一起去很多地方，最後回家時把油加滿再分攤費用。如果是八個人共搭一輛車，一公升的汽油可以跑十五公里，就算跑得再遠，一個人也才幾百塊！然後去買東西通常也是在家附近買。我們偶爾也會走市區道路去東京，可是東京停車場超貴，物價也超高。我不需要只能在東京買得到的東西，Amazon 又幾乎不用運費。夏天聚會時通常是ＢＢＱ；冬天就是去各家大型澡堂。大型澡堂不到二千塊（約新臺幣六百元）就能打發一天，泡澡、玩手遊對戰、喝啤酒、睡一覺，最後找酒後代駕幫忙開車回家。對了，手遊也不用花錢喔！我們會選限定當天免費的ＡＰＰ來下載，所以基本上都不用錢。手機有 LINE 就不需要繳通話費，和家裡聯絡也是用 LINE。嫂嫂教會我爸媽怎麼用智慧型手機，真是幫了我一個大忙。」

這樣剛剛好十萬日圓。不會剩，但也不會不夠用。

永崎花了幾個小時向我介紹平日生活之後，加滿汽油，向我請款。精明的個性令我不禁莞爾一笑，甚至覺得她很可靠。

我確認當地的徵人啟事，發現扣稅之後薪水還有十八萬日圓

（約新臺幣五萬元）的工作非常稀少。如同永崎所說，在她居住的地方，的確每個月有十萬日圓就能過日子。所謂「通貨緊縮包圍網」的廉價商店，提供了所有基本需求，所以生活不會感到不便。雖然當地人整體所得偏低，卻具備足以生活而不會感到不滿的經濟圈。

何謂貧充女子？

我之後又採訪了永崎的朋友，終於發現他們心中的「標準」。首先，他們的共通點是強烈的家鄉愛、與當地朋友的緊密關係。上一節也提到他們的生活基礎建立在「分享」的概念上；除此之外，還有「離開家鄉就輸了」跟「去東京就輸了」的心態。永崎特別強調，去東京「會錯過適婚年齡」。

「我不是刻意『不去挑戰』。有些國高中同學去東京工作，我也會替對方加油，可是大家都辛苦到覺得還不如留在家鄉就好。尤其是女生，在家鄉找不到工作，所以愈來愈多人拎著行李箱，跑去東京等大城市工作，跟人合租房子。可是一個人住成本高，去了東京反而變得更窮。尤其是女生，去了東京一定會錯過婚期。說來說去，去東京還是以女生居多，所以留在家鄉的男生比女生多。就是因為女生少，所以長得醜一點的女生也交得到男朋友。女生還是趕快跟男朋友一起工作賺錢，生活跟人生都會比較充實啊！所以結婚的時間很重要。我們這邊都覺得哪有什麼晚婚化？畢竟這一帶的女生到了三十歲，薪水也不會變多，反而還會因為年紀大而找不到好工作。既然如此，就算沒錢，還是趁著二十幾歲有體力的時候生第一胎；趕在三十歲之前，靠體力把小孩養到上小學的年紀。如果身邊同齡的人同時生小孩，大家還可以互相幫忙照顧小孩，也會覺得不能只有自己落後。」

男性亦做如是想。例如永崎的學弟，今年二十六歲，他也是覺得「家鄉最棒」。他白天在親戚經營的工地用大型機具出租公司打工當司機；晚上在當地的「應召站」工作，是所謂的「微不良」。留在家鄉的同齡夥伴當中，有人只能跟父母同住，在便利商店打工；也有人在國中當體育老師。雖然社會階層毫不相同，卻都是重要的夥伴。

「我的朋友主要是留在家鄉的國中同學。高中畢業之後，大家開始開車上班，於是增加橫向認識的朋友。這裡也有五人制足球隊跟棒球隊，所以會出現透過運動認識的朋友。膩友大概是五到六個人，把其他夥伴一起算進去，光是同齡的大概就三十個人，連前後輩一起算進去大概是一百個人！雖然稱不上團隊，不過大家都很愛故鄉。找不到工作時會互相幫忙。地震時許多房子的屋瓦掉落，或是山坡土石崩落，大家都會跑來當義工幫忙，女生也來煮飯給災民吃。這種時候真的覺得大家之間的關係很緊密。」

順帶一提，永崎預定明年和年過三十的男友結婚。對方也是率領當地同齡夥伴的頭頭。從永崎給我看的照片中，可以發現對方袖口露出些許刺青。看起來有點像不良青年，其實是當地小型營造廠的小開。他去年和同齡的男生們在附近的海邊舉辦慈善電音派對，聚集了數百名參加者，十分成功。至今留在家鄉的前輩結婚時，後輩都會準備「結婚典禮集資」。永崎結婚時，也計畫利用後輩的集資來舉辦盛大的婚禮。

永崎告訴我這件事時，看起來很幸福。

原本是「溫和派不良少女」的貧充女子

如果不多想，從頭到尾都是一場快樂的採訪。然而採訪結束之後，我的心頭一直籠罩著烏雲。

她們的生活心態，都是所謂的「溫和派不良少女」。如果今天雜誌要做的專題是「貧窮女性的生活型態與省錢方法」，她們的確是很好的採訪對象。雖然她們的年薪大約才一百二十五萬日圓，屬於「貧窮」階層，生活卻非常充實。儘管收入吃緊，卻透過種種工夫，或是藉由與朋友分享的方式，意外過得很開心，最重要的是非常腳踏實地。她們的生活體現了「原來人就算收入少，也能過得很幸福」，甚至帶來激勵眾人積極正向的力量。

然而，一看就知道很窮的小島和生活如此充實的永崎，其實收入幾乎一樣。我在貧困女子這個名詞愈來愈普遍時所感到的「不對勁」，終於在此時發現了原因。

當永崎這種生活型態愈是普遍，而收入相同卻陷入貧困的小島，眾人就愈是不願理解，也愈容易成為批評的對象。

「一樣一個月領十萬，也是有人可以好好過日子，陷入窮困的人是自己不夠努力和沒有下工夫吧？」

這就跟月入十萬日圓的窮忙族，攻擊帶了好幾個小孩，每個月接受二十萬日圓（約新臺幣六萬元）以上生活扶助金的單親媽媽是一樣的道理。永崎也有可能成為批判小島的人。

但是小島欠缺的並不是努力。雖然是好幾年前的事了，領導跨年派遣工村的湯淺誠曾經表示：「貧窮和貧困不一樣。」貧窮只是所得低，就算收入少，如果家庭或是人際關係良好，大家互助共享，還是可以過著幸福的生活；貧困則是精神的貧窮，失去家人、鄰居及朋友等人際關係，陷入跨不出下一步的狀態。貧窮的人不一定不幸，但是貧困的人絕對不可能過得幸福。貧困和貧窮是兩碼子事。我想永崎與小島的差異就在於此。

永崎具備而小島缺乏的，便是人際關係、家庭關係及穩定的精神狀態。小島雖然貧困，永崎卻是貧窮，而且還是個過著充實生活的「貧充」。如果不先明確區分貧窮與貧困的差別，眾人愈是熱烈討論貧窮，對於貧困人士的批評就愈是激烈。

我一方面終於想通，同時也湧現另一個問題——小島真的是「最貧困女子」嗎？

她的經濟和精神狀況的確都陷入窘迫的狀態，聽了她的敘述也知道她應該馬上接受生活扶助。但是她的貧困狀態至少還「看得見」，只是至今沒有機會獲得援助，自己也不熟悉各種制度，還一直以為只有老人才能申請生活扶助，再加上個性認真頑固，希望「自己能努力到最後一步」。她之所以陷入貧困，只是因為制度有問題。

然而我至今採訪的貧困女子當中，卻有人活在比小島更為底層的處境，甚至受到更嚴苛的批判。她們生活在貧困和痛苦之中，世人卻「看不見」她們的情況，甚至可能覺得她們看起來並不窮困。政府以所得稅計算「貧困人數統計」時，她們甚至不會被算進去。她們無法獲得援助，不僅是制度的問題，甚至是她們本身「排斥福利制度」。

目前，女性的貧困問題獲得空前的矚目，出現許多援助的人士進行熱烈的討論。然而所謂的「最貧困女子」卻一直被排除於議題之外。

這些「最貧困女子」都處於性工作——賣春或是色情產業中。

二

貧困女子と最貧困女子の違い

貧困女子與最貧困女子的差別

「最貧困女子」處於性工作的底層

說到「最貧困女子」，我腦海中第一個浮現的是書寫拙作《出沒於交友網站的單親媽媽》（二〇一〇年，朝日新聞出版）時採訪的二十幾名女性。

我在此書中介紹了利用大型交友網站「立即見面」的功能來賣春，以維持生計的單親媽媽。主要採訪期間是二〇〇八年初秋到二〇一〇年的春天。她們所使用的大型交友網站，到現在都還會在街頭的大樓刊登廣告招牌，或是租用宣傳車來宣傳。網站中有個叫做「成人交際」的項目，當中充斥了名為「切割」[15]的賣春行為。

——我今年二十八歲，離過一次婚，有小孩。現在生活上遇到一點麻煩，希望今天晚上到明天早上能遇到願意對我伸出援手的紳士！我雖然有點肉肉的，不過看起來乾乾淨淨。看懂這番話的人，請傳簡訊給我☆——

15 - 切割：指不帶感情，以金錢為目的的交往。

「看懂這番話的人」是一種委婉的說法，意指願意見面買春的客人。

我當初尋找受訪者的方式十分簡單，是從留言者中尋找會定期留言，或是雖未提及自己是單親媽媽，但就年齡而言有小孩也不奇怪的女性，然後直接傳訊請問對方是否願意接受採訪。大部分的回信都是：「不露臉的話可以給拍兩小時上床的過程☆」而這些都是「地下應召站」或是「援交應召站」（援デリ；enderi）的業者，偽裝成女性所寄來的回信。除去這類業者和潑我冷水的回信，還剩二十幾名「賣春個體戶的單親媽媽」。

當時採訪時間只有一年多，並不算長，當中可以持續接受採訪的對象也不到十人。無論是調查或統計，母數實在都太少了。然而採訪的過程中，我不斷出現「夠了」和「放過我吧」的心情。

為什麼她們要在交友網站上賣春來維生呢？為什麼她們不從事其他工作呢？如果沒有工作，為什麼不去找工作呢？如果不能工作，為什麼不接受生活扶助呢？為什麼要離婚呢？難道前夫沒有給贍養費嗎？又是怎麼照顧小孩的呢？

我的疑問不計其數，但是訪問完這二十幾位女性之後，我再也沒採訪過這個主題——正確來說，我再也無法採訪這個主題。

坦白告訴各位讀者，當時我逃走了。我夾著尾巴，從她們所處的極度不自由、悲慘及壯烈的環境中逃了出來。當時我看到的，是怎麼想也想不出來該如何讓她們得救，也找不到線索來解決問題——她們正處在所謂「最底層的貧困」。

清原加奈（二十九歲）的例子

我忘不了第一次見到她的景象——二〇〇九年二月，我和清原加奈（二十九歲，假名）約好要見面。當時我從前一年的年底起，反覆透過電子郵件與電話訪問過她。巧的是，她的生活圈與「溫和派不良少女」永崎等人相同，兩人的年齡也十分相近。但是，當我在位於當地最大城市的JR線M站南口電影院前見到加奈時，一眼就覺得永崎和加奈可以說是「完全不同的人種」。

加奈的身高大概不滿一百五十公分，個子嬌小卻胖嘟嘟的。短到所有經過的人都會側目的裙子底下，是一雙肥胖白皙的腿。蕾絲洋裝上的鈕釦，幾乎要被她的身體撐開。臉上是厚重的粉底，搭配塗過頭的腮紅，眼線粗到像是國中生用麥克筆畫的一樣。頂著一頭燙過又漂過的乾燥頭髮，髮際呈現黑色、咖啡色及金色所組成的華麗漸層。她遲到了四十五分鐘，發出啪搭啪搭的腳步聲跑過來的模樣，看得我坐立難安。

加奈幾乎每天都會在某個大型交友網站的「立馬板」（募集當天就能見面的對象）上發賣春文，換句話說她就是常客。她的條件是「別一生本OK」，意思是除了旅館錢之外，另收取一萬日圓的賣春費；性交時可不用戴套。這個交友網站會對一直沒有男性回覆的留言加上星號。原本這是提醒男性用戶「趁機把握！」

的符號，加奈往往發文了好幾個小時，直到第二天再上傳相同的留言時，都還是出現星號。簡而言之，「買」她的男人很少。

儘管如此，她還是繼續上傳留言。她有兩個上小學的孩子，分別是八歲和六歲。

她一開口便開朗地笑著這麼說。

「我以為你一定不會來，所以見到你我好高興。昨天我心情真的很差，要不是今天跟你有約，我大概已經死了。」

我無法忽略這句「大概已經死了」。至今用電子郵件採訪加奈時，她便告訴我已經自殺未遂了好幾次，而且還是在小孩面前……我望向她的手，發現在洋裝之下的手腕到手背，滿滿是剃刀留下的痕跡，形成條狀的紋路。傷痕當中有一個紅黑色的痕跡，那是用菸頭燙的傷痕。

加奈的人生是徹底的「一無所有」，從童年經歷就已經非比尋常。

「手上的菸頭痕跡不是我自己燙的，是我媽媽燙的。而且不只是手，背上跟腳上也有，全都是她燙的。我還記得我爸，關於他的記憶都是被揍，或是被關進地板底下的蔬菜儲藏室。但是他不見之後，我的姓氏還是一樣，所以對方可能不是我的生父。我媽也沒跟我說過生父是誰。外婆在的時候，還有外婆會保護我。可是外婆在我小三的時候過世，接下來的日子就很難熬了。那個時代虐待兒童還不會上新聞，可是小學的保健室阿姨發現我身上的瘀青和傷痕，所以我有時住在保健室阿姨家，有時住在阿姨的朋友家，有一陣子還去住類似兒童商量所[16]宿舍（緊急庇護所）的地方。小五的時候住進育幼院。鬆了一口氣嗎？嗯～我覺得自己被媽媽拋棄了……很奇怪吧？我明明被媽媽虐待，可是我一點也不討厭她。雖然她生氣的時候很可怕，可是溫柔的時候也溫柔到朋友的媽媽都比不上。所以我覺得自己是被媽媽拋棄了。就算偶爾會被打，或是被菸頭燙，但老實說，我也還是覺得跟媽媽在一起比較好。」

16 兒童商量所：日本地方政府負責保護兒童的社福機構。

親生母親撂下狠話：「不要再打電話給我！」

這就是她童年的經歷。在虐待兒童成為社會問題之前，加奈的成長過程簡直就像受虐兒的代表案例。她進入兒少安置教養機構（俗稱育幼院）之後，便再也不曾和母親一起生活過。十八歲時進入提供住宿的洗衣工廠工作。當時，她曾經打過一次電話給母親，對方卻對她說：「不要再打電話給我！」從此音訊全無。

她從小就沒有稱得上是朋友的人際關係。和母親住在一起時，三餐都是吃泡麵或甜麵包；一個人看家時，則是吃常常買來放在家裡的一箱箱洋芋片。小學時體重便突破五十公斤，一直因為身材而遭受霸凌。住進兒少安置教養機構之後，也總是孤零零的一個人。上班之後，在宿舍也交不到朋友，非常孤單。

因此她迷上了當時手機市場最前線的「i-mode」[17]所提供的官方服務——交友留言板。

「對方看不見我的長相呀！只要是女生，在網路上就很多人來

17：i-mode：日本電信公司NTT DOCOMO所提供的手機上網服務，是日本獨自開發的手機網路服務，完全不同於目前的手機網路系統。

搭理。現在我能跟你說這麼多話，可是二十歲之前我真的沒辦法跟人正常聊天。當我還在想要說什麼的時候，對方就講話了。可是用電子郵件或是留言板，對方就會等回音對吧？玩 i-mode 留言板真的很有趣。我在那裡認識國高中生，和大家當普通朋友，看到了不一樣的世界，雖然我們幾乎沒有見過面。我也在那上面交到第一個男朋友，分手之後認識的第二個男朋友就是前夫。然後……嗯，我就先上車後補票，辭了（洗衣）工廠的工作。我老公是（當地工廠的）派遣員工，他個性跟我有點像，不太擅長說話，可是人很溫柔。大概是我不好吧？媽媽也是這樣，只要跟我在一起，大家個性就會改變。他們都說我很煩。我這個人很遲鈍，所以一點小事就會惹毛他們。結果老公就開始揍我和小孩。」

她的人生幾乎總是處於暴力的陰影之下。童年時期遭受父母的暴力；進入兒少安置教養機構之後，不分男女都會攻擊又無視她；結婚之後則是受到丈夫家暴。第一個孩子是女兒，兩年之後生了兒子。老二出生之後，先生的暴力傾向愈來愈嚴重。之前是吵架吵到最後動手；現在則是疲憊不堪地下班回家後，聽到老二哭個不停，就連加奈一起趕出家門。

「老公一下班回家，我就可以感覺到他要我們：『別來煩我……』小孩一哭，他就搥玄關的牆，對我們大喊：『滾去外面！安靜了才准回來！』我常常被趕出門，就去MINISTOP便利商店殺時間，因為那裡可以坐下來。老公很疼老大，卻嫌老二：『看到我也不會笑！』趁我不注意的時候，還會捏他之類的，我看了瘀青就知道。拜託老公換尿布，他卻連屁股也不擦，只是套上新的尿布。有一次我出去半天，回家發現老二被關在浴室裡。明明是冬天，他卻沒穿衣服，一邊哭一副快要凍死的樣子。我問老公，他說自己什麼也沒做。帶去醫院，醫生說小孩肩膀脫臼，八成是被抓住手大力來回甩動。我們從醫院回家之後，我對他哭喊：『滾出去！』他回：『我就是在等妳這句話，我會出去，但既然是妳叫我出去，我當然不會給妳錢，小孩的事妳自己看著辦！』說完，他就走了，帶著PlayStation、遊戲卡及衣服。」

加奈在二十五歲時結束了四年的婚姻生活。她有點得意地告訴我，自己鼓起勇氣叫先生滾出去。其實她也可以說：「我要帶孩子走！」不過她覺得這麼說就輸了。孩子受重傷令加奈憤怒，所以才終於鼓起勇氣吧。

被大罵：「去整形跟減肥再來！」難過到在廁所割腕

然而，先生離家出走之後，加奈像是從懸崖倒蔥栽一樣，墜入貧困的底層。她由於結婚與生產，辭去洗衣工廠的工作，之後便不曾再工作。因此，她雖然住在國宅，但先生離家之後就沒有錢付房租了。儘管她趕緊去找提供住宿的工作，但當時老大四歲、老二兩歲，都還是需要人照顧的年紀。她所居住的F市，其主要產業是大型電機製造商，當時包括電機製造商的相關企業都需要大量的派遣勞工。然而要找工作，必須先去派遣公司登記。儘管告知派遣公司窗口自己的需求，對方卻幾乎不曾介紹工作給她。

「如果是全職的工作，就必須把小孩托給別人帶。但是我沒有雙親和朋友可以依靠，托給其他地方又要花錢。放兩個小孩獨自在家也未免太可憐。另外，還沒跟先生分手之前，我的精神狀況也不好，躲起來自殘了很多次。而且因為精神狀況不好，早上都起不來。我抱著死馬當活馬醫的心情，去M車站附近的酒店面試，面試了五家酒店，五家都沒上。原本F市的酒店就很少，F市到M車站又要搭巴士和電車，一個小時才會到。所以我鼓起勇氣去M市和T市應徵酒店的工作，對方卻對我破口大罵：『去整形跟減肥再來！』我聽了之後很難過，就在回家路上的廁所裡割腕了。」

一直找不到工作的結果是，水電瓦斯等基本的生活需求、房租及手機費全部遲繳一個月。她在相當於生命線的手機停用的前一刻，上交友網站留言：「我什麼都願意做，請救救我！」她知道可以在網路上這麼做，也是因為在她唯一的青春回憶——i-mode留言板上看到有人上傳類似的發文。當時不少兒少安置教養機構的同學和前輩都會利用電話交友，加奈說：「她們常常任外（任意在外面過夜）而挨老師罵。」

「我第一次賣春的對象跟我殺價，砍到五千塊（約新臺幣一千五百元）。交友網站上也有很多種人喔！有的人聽到我跟小孩的事，就默默給了我三萬。也有人逼我喝奇怪的藥，把我綁起來，趁我睡覺的時候射在裡面。挨打跟被踢的次數也不計其數，因為我長得不可愛。」

雖然加奈說跟先生離婚了，卻沒有正式辦理手續，因為不過是前夫離家出走，音訊不通而已。想到生活的問題，似乎自己忍一忍也就過了。其實她還是希望先生回家，但是一想到先生回家又會對小孩拳打腳踢，便不安了起來。接著想到繼續住在國宅可能很危險，於是坐立難安，精神狀態一直很不穩定。

丈夫離家出走後，加奈透過交友網站，兩個月內跟十個男人進行性交易，保住了水電瓦斯和手機。但是她心中原本求死的念頭卻變得更加強烈。

「我心裡好像有個開關，只要一覺得活著好辛苦，好想早點死，就會打開『死亡開關』，覺得非自殺不可。我實在受不了，於是去M市的精神科看醫生。可是我等了好久才看到醫生，醫生也只聽我講一下話，然後就是領藥。我曾經跟在交友網站上認識的男人去愛情賓館時割腕。我記得不是很清楚，但是對方說他要叫警察來。為什麼呢？我還曾經坐在百貨公司樓梯平臺的長椅上，吞下大量的藥物，結果在百貨公司的廁所吐半天。我這個人命還真大。甚至曾經在哭叫的小孩面前割腕。我明明知道小孩看了打擊會很大，卻還是忍不住。自殺未遂之後，我只能一直跟小孩道歉，一直跟他們說對不起，我是個糟糕的媽媽，對不起……」

加奈的心情完全墜入谷底，去看精神科又花錢。民生委員[18]來家庭訪問時，幫加奈把受丈夫扶養而辦的健康保險，更新為國民健康保險[19]。儘管她去看精神科和帶小孩去看醫生時會付醫藥費，卻從來沒繳過健保費。

「催繳書一直寄來，健保卡也變成短期（短期健保卡的有效期

18 - 民生委員：其工作內容類似臺灣的里長，為榮譽無給職。

19 - 日本國民會依照工作情況選擇加入社會健康保險或是國民健康保險。前者是中央政府或企業所經營的健康保險；後者是市町村所經營的健康保險。

間較短，但是自付額為三成）。民生委員威脅我再不繳錢，就要變成全額自付。我聽了很心急。老實說，我曾經帶小孩去過好幾間醫院，卻付不出醫藥費，然後跟櫃檯說下次再來付錢就跑掉了。我是不是會完蛋啊？如果他們要來我家拿東西抵押，我也沒有東西可以給他們。」

最貧困女子最害怕什麼？

我聽完之後非常驚訝。然而仔細想想，會發生這種情況也是理所當然。單親媽媽帶著孩子，如果沒有經濟援助，又沒辦法自己賺錢，誰都可能陷入跟加奈一樣的境地。單親媽媽無論是社會還是經濟地位，都不穩定到宛如站在懸崖邊，搖搖欲墜。我在遇到加奈之前，從來不曾認真想過這個問題。

不對，淪落到這般田地之前，為什麼不先找工作呢？而且這麼窮困的話，應該可以接受公家的援助……這種時候我還抱持著天真的想法。然而面對加奈，聆聽她的傾訴，我深深感到自己的想法雖然正確，卻毫無意義。

先撇開心病的問題，加奈害怕所有手續。儘管她不是不會讀寫，卻看不懂行政手續的術語，聽了說明也還是無法理解。加上她在惡劣的環境下成長，沒有受過正規的教育，光是讀幾行「嚴肅的文章」就已經精疲力竭了。

因此無論是離婚改戶籍，向市公所說明情況，以獲得健康保險和其他稅收的減免，甚至連「去銀行匯款」，對她而言都很困難。就連十八歲時考到的駕照，也因為忘了更新而過期失效。小孩上小學的入學手續，其實也是由當地的民生委員代為辦理。

一般陷入這種情況，都會跟金融服務業借錢，欠下大筆的債務。但是加奈居然連借錢的手續都怕。她唯一一次借錢，是在交友網站上認識了一名自稱經營地下錢莊的男子，向他借來二萬日圓。

「我哭著拜託地下錢莊的人借錢給我，對方說最多只能借我二萬。可是他之後跟我做了三次都沒付錢，這樣算是扯平了吧？」

聽她滔滔不絕地訴說成長經歷與現在的窘境，我的頭腦完全停止運轉。

這個人到底該怎麼辦呢？我的腦中甚至浮現「沒有資格當媽媽」這句話。她從未獲得母親的照顧，也沒接受過適當的教育，長得不好看，又沒有朋友。就算她想努力擺脫眼前的困境，卻連努力的基礎也沒有。她的掙扎彷彿一個人站在泥濘上，卻又想跳得高。

最糟糕的是，這種情況已經持續了好幾年，她卻一點危機意識也沒有。

「你還願意跟我見面，聽我說話嗎？」面對加奈這麼問我，我只能曖昧地回應。我買了她小孩愛吃的摩斯漢堡，讓她帶回家，心頭卻十分沉重。

雖然是採訪，我卻實在沒辦法丟著生活如此辛苦的人不管。一個不小心，母子三人可能都會餓死。如果要讓加奈自立生存，首先是重建經濟基礎。她一直沒跟母親聯絡，就算聯絡了也不能期待母親幫得上忙。既然如此，必須先去當地的福祉事務所，申請生活扶助，等到精神狀態穩定下來之後，重新開始找工作。

「既然民生委員會來家裡，要不要稍微跟對方商量一下，申請生活扶助呢？」

我送加奈回到她家附近的車站時，她聽了我這麼一問，低下頭沉默一會，小聲地回答。

「我沒辦法開口。如果申請了生活扶助，一定沒辦法再婚。鈴木先生，你會跟帶著兩個拖油瓶、有心病，又接受生活扶助的女人結婚嗎？」

加奈說的並沒有錯，但這種時候不是應該先重建經濟基礎和治療心病嗎？我心中湧現一股煩躁的情緒，一邊問加奈要從何著手以挽救生活。她的回答卻出乎我的意料之外。

「我要繼續在交友網站上尋找可以跟我一起生活的人。你不用擔心我，我之前在網站上遇到的男人當中，也有人帶我跟小孩去吃飯，雖然對方已經結婚有太太了。如果有人一個人住很寂寞，我願意去陪他，我什麼都會幫他做，不會給他添麻煩。」

明明話題如此嚴肅，加奈用方言悠哉地講出這番話時，卻配合FM廣播所播放的流行音樂搖晃身體。

回想當初剛開始採訪時，我真的一點也不懂「這群女性」。這種時候最該優先的不是小孩嗎？加奈說她只有小孩照顧得最好，可是她明明只能供應最低限度的住處和飲食。這樣子還稱得上是母親嗎？

我為了消除心頭的煩躁而開口問加奈，她的回答卻讓我的胸口緊了一下。

「妳現在最怕什麼？」

「當然是千惠和阿和（加奈小孩的名字）離開我啊！要是失去他們，我就什麼都沒有了。」

我當下所受到的衝擊，直到現在也忘不了。

就算我是這麼失格的媽媽，但跟我在一起也比去育幼院好

開始採訪出沒於交友網站的單親媽媽時，我曾經想過她們可能會虐待自己的小孩。貧困與虐待會傳承給下一代，這些單親媽媽成為加害人的可能性不是正巧最高嗎？

但是加奈最害怕的，就是小孩被兒少安置教養機構「搶走」。其實離婚後的幾個月，加奈遲繳國宅房租，兒童商量所因此聯絡當地的兒童委員[20]，詢問加奈要不要把小孩送去兒少安置教養機構。她好幾年來都不斷拒絕兒童委員的提議。

「我自己就是在育幼院長大，我知道育幼院有多麼寂寞。我問過小孩怎麼辦，要不要去育幼院，他們哭著說：『要跟媽媽在一起！』我怎麼可能拋下他們呢？如果去育幼院，他們三餐就可以吃得營養。老實說，我雖然每天給他們吃三餐，營養一點也不均衡，又多半是調理包。我自己也知道這樣不好。可是把他們交給育幼院，他們一定會覺得被我拋棄，絕對會覺得被我拋棄了！無

20 - 兒童委員：與民生委員相同，都是榮譽無給職，負責轄區內的兒童福利。往往由民生委員兼任。

論其他大人對他們多溫柔，在育幼院長大的孩子就是會這麼想。我當初就很寂寞。小時候就算媽媽會打我，我還是想跟媽媽住在一起。如果育幼院要帶走小孩，我就跟小孩一起死！這是我的底限，絕對不會退讓。」

加奈會如此否定兒少安置教養機構的另一個理由是，她小時候遭到住在同一個機構的男生強暴。「我只剩下小孩了……」單就她的這麼一句話，便能感受到她強烈的堅持。「清原女士並未虐待兒童，所以我們也不會強行帶走小孩。」儘管兒童委員這麼表示，但她還是屢屢夢見小孩遭人搶走。

「據說現在的育幼院重視虐待勝於經濟問題。如果經濟面勉強還能支撐，只要不營養失調，就不會從母親身邊帶走孩子。可是我現在的生活真的很吃緊。如果這個月跟上個月（交友網站）的回信少了一封，我就沒辦法維持生活了。但是我不能丟下每次割腕時都跑來抱住我的孩子們。雖然國宅的房租已經拖欠了半年以上，可是學費（可能是教材費？）[21]跟營養午餐費，我從來不曾

21 日本公立小學的學費免費，但是會收取遠足、家長會及上課所需的教材等雜費。

遲繳過。要不然小孩在學校就會被欺負。儘管我稱不上好媽媽，可是我只能相信跟我在一起，會比去育幼院好。」

她微弱的聲音如同哀號。明明經濟面和生活面都已經出現破綻，唯一不肯放手的就是孩子。就算是透過交友網站尋找男人，賺取不穩定的收入，她還是持續這種勉強的生活——這一切都是為了跟孩子在一起。

我剛剛居然認為坐在副駕駛座的這名女性「沒有資格當媽媽」和「將來可能虐待兒童」，但聽了她的心聲，我覺得自己必須改變所有想法——加奈這種人才是真正的「母親」。

我的採訪其實是從加奈的這句話才正式開始。

帶著兩個孩子投靠「ＳＭ綁繩師傅」

加奈之後聯絡我時還是一樣，總是不知道她究竟是站在懸崖邊，還是「這次沒問題」。有一天她寄電子郵件告訴我，她帶著孩子投靠在交友網站上認識的「綁繩師傅」（SM愛好者），對方住在東北地區。我看了嚇了一大跳，問了之後發現加奈帶著孩子跟綁繩師傅的「（女）弟子」開始一起生活。我完全搞不清楚她到底處於何種環境，也不確定安不安全。究竟加奈以及綁繩師傅、弟子是什麼樣的關係呢？這已經是我所不懂的世界，完全超出我理解的範圍。加奈說有重要的事想找我商量，於是我們藉著她來到M市的機會見了面。

「對方是個好人喔！他對小孩很溫柔，還在學校當老師。現在生活費也是他幫我出，不過我在這裡還有很多事情沒有處理完。」

距離上次見到加奈已經過了半年，她換上牛仔褲搭配白色的襯衫和牛角釦大衣，頭髮也變成黑色，看起來比之前清爽多了。但是聽了她的說明，發現情況還是一片混沌。她當初趁著小學放春假而搬去東北時，並沒有申請轉移住民票，簡直是只穿著身上的衣服就逃走了。

「小孩的轉學手續得去小學辦對吧？可是我拖欠了九萬的房租。如果要轉學，就得去市公所提出遷出通知對吧？要遷出就得繳清房租吧？可是我沒有錢可以繳房租。沒繳房租也可以搬走嗎？沒有交遷出通知就不能轉學嗎？然後我沒跟打工的地方說一聲就走了，也沒還制服。怎麼辦？他們會去報警嗎？」

她手上的大紙袋裡還裝了乾洗過的打工制服。

看到加奈皺起眉頭，露出打從心底煩惱的表情，我腦中瞬間閃過一個想法——她雖然說起話來有條有理，但搞不好是輕度的發展遲緩。然而最大的問題是，小孩春假結束後如果沒去上學，兒童商量所可能會介入，把小孩帶去兒少安置教養機構。對於加奈而言，這才是最大的危機。果然她一聽到這番話，馬上臉色發青說：「完了！糟了！」

加奈無論何時都把和小孩在一起視為最優先考量。雖然她真的是個充滿問題又麻煩的人，但同時也有認真可愛的一面。

「轉移住民票、小孩轉學跟房租一點關係都沒有，所以妳不用擔心。打工的制服用宅配寄給對方就好，對方不會因為這種事情去報警，所以妳不用緊張。」

加奈聽到我這番話，用力嘆了一口氣。最後我把各種手續的順序寫給她，房租的問題則由我向跟加奈和小孩同居的弟子聯絡，請對方拜託綁繩師傅繳清積欠的房租，結果對方答應當天匯款。我雖然無法想像對方究竟是何許人也，也不知道對方是否真的可靠，但至少加奈手腕上自殘所造成的可怕結痂已經不再增加。我稍微鬆了一口氣。

然而一年之後，卻發生了東日本大震災，加奈所在的T市也遭到海嘯吞噬，導致二百多人死亡。為什麼她的運氣總是這麼差呢？為什麼偏偏是搬去T市呢？雖然我馬上試著聯絡她，她卻似乎換了手機。

加奈現在在做什麼呢？也還是握著孩子的手不放嗎？

導致嚴重貧困的原因——「三種無緣」與「三種障礙」

我採訪的二十多位「在交友網站賣春的單親媽媽」，不是所有人都跟加奈一樣。但是她們幾乎都一樣窮，可說是我在前言中提到的「三種無緣」與「三種障礙」的代表。

第一個共通點是，無法獲得家人或親戚的協助，或是雙親也需要扶養。第二個共通點是，罹患精神疾病，或是由於家境不佳而失去受教機會，無法獲得穩定的工作。我剛開始（二〇〇八年十一月到二〇〇九年二月）採訪的十五名單親媽媽中，有十二人正在看醫生，兩人曾經看過醫生。之後追加的十名單親媽媽中，也有九人曾經去看過精神科。她們多半是在為了離婚而爭執的過程中，或是剛離婚時去看醫生。

第三個共通點是，難以獲得公家或民間的援助。如同之前所提，例如極度害怕接受援助而必須與孩子分開，或是擔心小孩會遭到當地居民的歧視而放棄生活扶助。另一個共通點是跟加奈一樣，非常不擅長辦手續，往往拖欠稅金或是各種費用。因此，我曾經試著協助她們找尋支援團體，而陪同前往公家機關以申請生活扶助，或是協助聯絡單親媽媽的互助組織，但是每一項嘗試都失敗了。她們會擔心：「找對方商量，是不是得說出自己至今靠賣春維生？」更重要的是，她們都無法與女性團體相處。畢竟她們的個性原本就容易被女性團體排除在外。因此她們沒什麼女性朋友，往往從小在家鄉或是學校就遭到孤立。

第四個共通點是，強烈依賴戀愛的體質。藉由性行為獲得金錢的行為明明就是賣春，她們卻不覺得對方是「客人」，而是協助她們維持生活的「贊助商」，懷抱一絲希望，期盼能找到發展成戀愛的對象。

我在採訪與寫作的期間，正逢民主黨執政，政府提出的兒童扶養津貼遭人議論，媒體也猛烈批判詐領生活扶助金的問題。我竭盡心力希望能改善她們的困境，卻連一個人也沒救成。她們拒絕我積極的建議，但是過了一陣子沒聯絡，又會在半夜寄來幾十封電子郵件，上面寫著：「我寂寞到快死了……」

結果我雖然出版了《出沒於交友網站的單親媽媽》，卻只是描述了她們的困境，無法提出任何具體協助她們的方法。我究竟為她們做了什麼呢？儘管書籍已經出版了四年，心頭依舊殘留強烈的無力感。

貧困女子與最貧困女子的差別

上一章提到的小島和加奈究竟哪裡不一樣呢？雙方都是處於極度貧困的狀態，差異卻十分明顯。

小島的確處於極為貧困的狀態，「任誰看了」都覺得必須馬上救濟她。之前的文章也提過，有的人聽到小島的境遇，可能會覺得她沒有在適當的時機採取適當的行動，因此批評她必須自己負起責任。但這畢竟是少數。她之所以會年紀輕輕卻淪為街友，是因為社會福利行政機關原本就沒有發現她的問題。相較於高齡的街友，行政單位往往無法發現年輕的街友。一說是因為年輕的街友往往住在網咖，沒有落到「睡在公園」的地步。儘管社會福利行政機關並未發現小島，大家還是看得到她的痛苦。只要找上協助的單位，她就能重新自立。

但是加奈卻是貧困狀態不為眾人所見的代表。

《出沒於交友網站的單親媽媽》中，我用「隱形破綻」來形容她們的處境。她們無論是經濟還是精神都已經出現破綻，卻透過在交友網站上賣春所獲得的少許金錢來掩飾破綻。如果賣春可以讓每個月的平均收入達到十萬或二十萬日圓，還能說「藉由賣春解決生活破綻」或是「賣春成為生活的安全網」。但她們每個人都是以正式或非正式員工的身分工作，每個月只能賺幾萬或十幾萬日圓。工作結束後，靠著僅存的精力，拖著疲憊的身體去賣春。儘管賣春的理由是怕申請了生活扶助會遭到歧視，或是擔心小孩在學校遭到霸凌，最終的結果卻是她們親手遮掩了自己的貧困與痛苦，導致眾人無法發現她們需要幫助。

此外，她們從事性工作也導致自己成為社會大眾批判的對象——儘管她們的情況根本稱不上是工作。社會大眾原本就不了解又經常批判貧困的單親媽媽，所以會認為單親媽媽為什麼不能工作呢？比起其他低所得階層，單親媽媽有生活扶助金和兒童扶養津貼，所得稅可能還有寡婦減免，生活不是應該更寬裕嗎？搞不好單親媽媽還隱瞞了其他所得，詐領生活扶助金也不一定？落得要離婚應該要自己負責，沒有人幫忙難道不是個性有問題嗎？如果正視她們四面楚歌的情況，是根本說不出這些話的。但是現代社會卻充斥這些批評。

正因為批判的風潮強烈，就連其他苦於貧困的單親媽媽，也可能會攻擊加奈這些「在交友網站上賣春的單親媽媽」。因為其他單親媽媽會希望加奈等人不要增加其他人攻擊自己的理由。

無論是痛苦的程度，甚至是痛苦本身，大家都看不見也難以理解。乍看之下，這一切好像是當事人自己造成的結果，所以容易成為歧視與批判的對象。這就是成為性工作相關人士的貧困女子，為何錯過各種援助的機會與接觸，淪為「最貧困女子」的理由。

但是性工作與貧困的關係其實更加深遠黑暗。無論是原本並不貧困的女性陷入貧困，或是原本就出生在貧困環境的未成年少女，都會遭到性工作的世界所「吸引」，從此陷入貧困的狀態。

我會在下一章透過我生涯中花費最多時間採訪的對象——「在貧困的家庭中受虐成長，進入性產業工作的少女」，剖析性工作吸引她們的原因，並解說陷入貧困後無法擺脫的理由。

三

最貧困少女と売春ワーク

最貧困少女與賣春

なぜ家出少女たちは売春の世界に吸収されていくのか　逃家少女從事賣春的理由

「非行少女」から始まる　原本是「非行少女」

「制度の無縁」の萌芽　開始遠離制度

予備期間　準備期間

関東某県少女売春団地　關東某縣的賣春少女社區

「家出」は我がままでなく「逃避」　「逃家」不是任性，而是「逃難」

「路上」に出てから……　來到「街頭」之後……

路上のセーフティネット　街頭的安全網

フル代行業者とは何者か　全套代辦人員的說明

セックスワーク周辺者と家出少女の親和性　性工作相關人士對逃家少女的吸引力

最低最悪のセーフティネット「買春男」　最糟糕也最差勁的安全網——買春男

家出少女らのセクセスストーリー　逃家少女的成功談

落ちこぼれる少女たち　遭到淘汰的少女

最底辺の景色　最低階層的環境

路上生活する知的障害者女性を取り巻く環境について　智能障礙女街友的生活環境

福祉との接続が困難であることについて　社會福利制度與機關難以接觸最貧困女子的原因

売春と貧困の固定化　無法擺脫賣春與貧困

逃家少女從事賣春的理由

拙作《無家可歸的少女》和《援交應召少女》的主題皆為從事賣春的逃家少女。她們都是在極度貧困、被父母棄養，或是身體、心靈及性方面遭受虐待的惡劣環境下成長，自行逃離家庭（多半是單親家庭）、兒少安置教養機構、寄養家庭，或是受託照顧她們的親戚家，成為街友，最後進入性產業工作。

兩本書都是記錄真實事件，讀者的反應卻很兩極。從事兒童福利與協助女性脫貧的讀者表示：「終於了解平常接觸的這些少女們的心聲了！」「這還太客氣了，我知道更多更悲慘的故事！」然而，對於這類主題陌生的讀者則表示：「這其實是虛構的吧？」「日本還有這麼窮的人嗎？」我覺得後者的反應是有意義的。

我的作品當然都是根據實際採訪的結果所寫成，也盡量正確記錄這些逃家賣春少女的心聲和生活。然而讀者提出的疑問卻毫不留情。

為什麼這麼多逃家少女會從事性工作或是賣春呢?應該還有別條路可以選吧?其實她們是自願去賣春的吧?如果家庭環境真的這麼惡劣,為什麼警察跟社會福利行政機關都沒有發現她們呢?從事性工作不是可以一獲千金嗎?賺這麼多錢還無法擺脫貧窮,賺來的錢到底都花去哪裡了?然後看看逃家之前的情況,就算家境貧窮、遭受虐待或是在兒少安置教養機構長大,也不是所有少女都逃家,也有人去念高中、上大學,進入一般公司就職。「努力到這種程度卻還是陷入貧困」都已經成為社會問題了,努力之前就逃走的少女當然會貧窮。所以落入這般田地,也是「她們自己決定的」或是「她們自己也要負起責任」吧?

之所以說得出這些話,都是因為毫不了解少女的處境。然而這些嚴厲的指責也有其意義。接下來我要向各位讀者一一介紹少女的生活狀況。

原本是「非行少女」

首先我要修正眾人對於這群逃家少女的刻板印象。大家都會覺得逃離家庭，在外遊蕩的少女「看起來可憐兮兮又膽怯」吧？大多時候，這都是錯誤的想法。這些女孩基本上是所謂的「非行少女」。

我擅自發明了一個關鍵字來說明她們的情況——「飯糰與彩妝」。受訪的逃家少女（少年也是一樣）往往從小學時便是順手牽羊的慣犯。飯糰是食物的代名詞，彩妝是指所有化妝品。我用這兩個詞來泛指她們偷竊的商品。

這些逃家的少年少女會順手牽羊其實情有可原。偷飯糰表示遭到虐待和棄養，同時也代表家境清寒。回家會挨揍，所以不想回家；回到家，父母也不在，或是在家也不做飯，而是在睡覺，家裡沒有任何食物。就算去上學，回家的路上也很寂寞吧？

「一個人走在飄著晚餐香味的住宅區，覺得好孤單又好難過。」

這種彷彿昭和時代的漫畫還是電影的場景，卻是我採訪過的受虐少年少女共通的體驗。

他們抱持著無邊無際的寂寞與孤獨，如果周遭出現類似境遇的孩子，自然會聚在一起。他們會群聚在待起來最舒服的家中——躲到大人不會回來，或是看到小孩的朋友待到半夜也不會囉嗦的家裡。然而群聚的地點倘若沒有食物，肚子還是一樣餓。這種情況下，出現偷竊的行為也是理所當然。

有時候是一個人，有時候是朋友互相支援。他們先從食物——飯糰開始偷起。「偷了之後只要不被抓到就不會受罰」的體驗，對於尚未建立守法概念的小孩而言，就跟吸毒一樣。少女偷了食物，下一步就是她們最想要的少女用化妝品與飾品。於是一步步變成慣犯。

我採訪過的少女中，不少人得意地向我炫耀戰績。

「朋友的弟弟去把店後面架子的商品全部推下來，我們就趁店員嚇一跳看東西掉下來的方向時，把想要的東西塞進籃子裡，衝過收銀檯。我們把這個叫做『籃衝』，習慣了的話，每一家店都做得到。」

告訴我這個故事的是十五歲的逃家少女，她從小學六年級就把偷來的化妝品拿去學校轉賣。

這群孩子簡直就像開發中國家的流浪兒竊盜集團。但是，我覺得就大人在路上看到餓肚子的孩子卻不會上前關心一事來看，日本跟開發中國家也沒什麼兩樣。

反覆偷竊之後當然會被警察抓去輔導，成為當地警察跟兒童商量所口中的「出了名的壞孩子」或是「聲名狼藉的不良集團」。到了這個地步，她們便從被害的受虐兒童轉變為竊盜犯罪的加害人。

這些「籃衝」少女通常從小學時就與父母分開，強行安置在兒少安置教養機構。然而機構中同齡的孩子也明顯分為「順手牽羊組」和「乖乖組」。到了義務教育結束時，這兩組自然轉換為「離開機構組」和決定進入高中升學的「留在機構組」。這群不幸的少女從此時便走上了不同的人生道路。

開始遠離制度

問題出在輔導時的應對方式。基本上，少年警察隊、當地的少年輔導委員及兒童商量所等機構，面對順手牽羊的少年少女時，只會依照規定，找來父母或兒少安置機構的老師等監護人。雖然他們多少也會問話，讓少女抱著些許「也許可以相信這個人」的期待，但是當少女發現最後還是「找來監護人」，或是「送回施虐的雙親身邊或待得很痛苦的機構」，便覺得自己遭到背叛。這點非常糟糕。

倘若父母平常不關心小孩，遇到事情當然也不會理會警察的聯絡，只是讓小孩更加寂寞。如果是會施虐的父母，收到警察的聯絡反而會加重虐待小孩。假若監護代理人是小學或兒少安置教養機構的老師，一天到晚因為小孩順手牽羊而被叫去警察局，不免會把脾氣發在孩子身上。

為了遠離待不下去的環境而「短期與近距離的逃家」，也和順手牽羊的下場相同。兒童深夜在外遊蕩與群聚在遊樂中心等行為，都會受到警察輔導，警方的應對方式則跟順手牽羊一樣。小學生的行動範圍不會太遠，因此，反覆在當地短期逃家、遊蕩及接受輔導的結果，便是徹底成為當地人眼中的「非行少女」。

接觸這些少女的「成人」，通常是當地的兒童委員、兒童商量所職員及學校的輔導老師。他們無法快速解決虐待與貧困的問題，保護兒童時也缺乏強制執行權來阻擋監護人，只能等到小孩受虐到受重傷才能介入，或是甚至受了重傷也無法介入……

結果這些少女對於無法「打從根本解決問題」的「制度代理人」，培養出強烈的不信任與敵對意識——「大人」不可靠，「大人」什麼都不會幫。

這種情感之後也會左右少女的人生。

準備期間

我所採訪的逃家少女多半都有上述的經驗。她們首先會跟住家附近境遇相同的少女組成社群。從造成貧困的三種無緣來看，首先，少女會因為虐待而陷入「家庭無緣」，也就是雙親無緣；當地的兒童社福機構無法滿足她們的生活品質，導致她們陷入「制度無緣」；因此，她們便轉向找尋「地緣緣分」，透過同齡的社群來彌補寂寞與空虛。

其實這裡正是關鍵——進入同齡社群的少女往往都走進性工作，其原因在於社群中不少年長少女已經在從事賣春與援助交際。雖然她們的經濟狀態並不像逃家少女般緊迫，卻還是需要金錢。首先是當「販賣員」（売り子；uriko）賣穿過的內衣褲，或是和學姐介紹的男人進行性交易。第一次賣春當然很害怕，所以通常是跟「朋友或學姐一起」。

這種情況有時候會發展成學姐當皮條客，經營「援交應召站」，仲介學妹賣春。「援交應召站」是一種賣春集團，名為「打字員」（打ち子；utiko）的成員會在交友網站、LINE、KAKAO TALK等SNS上，「佯裝成要援助交際的少女以招募男性」，並派遣少女給回文的男性。少女透過賣春取得的（三到七成）部分收入會交給打字員。雖然由學姐擔任打字員，找男人來跟學妹買春，只能算是非常小規模的應召站，但雙方畢竟還是形成了「支配與壓榨」的結構。

從國中一年級就被學姐逼著去賣春的少女，告訴我以下她的悲慘故事。

「通常都是先從賣內衣褲開始啊！我是有去上學，不過到了午休，有手機的三年級學姐就會到班上來跟我說：『今天有工作，記得要準備。』雖然學姐說習慣了就得做全套，可是我國一的時候月經還沒來，所以跟學姐說做不到。學姐聽了叫我月經來之前先做半套（プチ；puti），用手或嘴幫對方弄。收到的錢有一半會被學姐拿走。剛開始我覺得拿到一半真多，實際上拿到一、二萬也超高興的。可是月經來了就得開始做全套。全套就不輕鬆了，想休息也不能休息，也不敢跟學姐說不做了。學姐的學姐跟十八歲在混黑道的男生交往，想也知道人家去講一聲就完了。跟我同年的女生就有人逃跑被抓去教訓。國一的時候一個月接客兩次，國二的時候每週一次。」

但是告訴我這番話的少女，等到自己國三的時候，也開始一邊自己接客，一邊當學妹的皮條客。逼她接客的學姐們，當初也是上頭的學姐斡旋她們去賣春。

因為當年學姐叫她接客，所以現在她叫學妹去接客——這就是少女們認定的道理。

關東某縣的賣春少女社區

這種學校簡直就跟妓院沒兩樣。然而這位少女之所以淪為雛妓，其實是源自嚴重的貧困問題。少女成長於單親家庭，母親患有精神疾病，一年之中有半年必須住院。因此她是由住在附近國宅的外婆所撫養長大。外婆還不滿五十五歲，仰賴生活扶助金生活。上了國中便開始賣春的歷屆學姐和同學，也都是住在這個國宅社區的孩子。

「這個社區本來問題就很多，常常死人。要麼自殺，要麼失火，小時候還發生過類似瓦斯爆炸的事件。也有很多人領生活扶助金，所以就算是上同一所小學，大家看這個社區小孩的眼神就是不一樣。實際上社區的小孩也真的跟大家都不一樣，沒有人去補習班，還很多人都蹺課跑去遊樂中心，我自己也是。」

我是二〇一二年採訪這位少女，當時她十七歲，也就是說社區的學姐學妹把國中變成妓院，大概是二〇〇七年的事。原本我無法想像這個地區究竟多麼貧窮。然而當我實際走訪時，只能用「啞然」形容我當時的心情。

少女成長的K國宅社區位於關東某縣，建在通往縣政府的縣道沿線。說是國宅，卻不是好幾層樓的公寓，而是五棟兩層樓高的住宅連在一起，類似大雜院。看不出來上次究竟是何時整修過的外牆，因為生鏽的汙水而變髒，同時貼滿大量的政黨與議員宣傳海報。擠在一起的住宅之間只鋪了碎石，而非水泥或柏油地。當時正好下雨，在碎石地上形成深深的水窪。

有的家庭把玄關前狹小的土地做成家庭菜園，也有的家庭在那裡蓋了明顯違反《建築基準法》的破爛小屋。住宅後面則是被拔去輪胎的昭和時代舊車淹沒在雜草當中，還有遭到隨意丟棄的電視和沙發。打赤膊的老人家大白天就不戴安全帽，一臉爽快地騎著機車穿梭於國宅中。他的車牌上並沒有貼上所有騎士都必須加入的「機車強制險」貼紙。一般沒有加入保險，會受到嚴懲……

這是二〇一二年實際出現在日本（而且還是稱得上首都圈的地區）的景象，我一時之間還反應不過來。眼前的景象彷彿重現昭和時代的電影場景，實際上卻是少女所「拋下」的家鄉。

這個地區究竟從多久以前就開始貧困與賣春的傳承呢？

「逃家」不是任性，而是「逃難」

回到主題，這群在貧困與虐待中成長的少女，在國中、國小或是迎接第一次生理期前，便已經踏入了性產業。未成年少女擔任皮條客來介紹未成年少女賣春的事件，多半發生在這類不幸少女的社群中。

其實少女如果能一直待在社群中，還算是比較好的。雖然社群結構是支配與壓榨，但至少還不至於陷入「地緣無緣」，可以維繫同齡層的互助分享——例如第一章所介紹的溫和派不良少女。有了固定住處，才有機會從事性工作以外的行業。另一方面，我所採訪的「無家可歸的少女」，則是遭到這類地區性社群排斥，或是自行離開社群，逃往都市的街頭。

在此，我要鄭重表示，少女逃家不是「任性」或是「得自己負起責任的行為」。她們之所以逃家，絕不是單純的任性。虐待又分為身體、精神及性等各種種類，單以文字說明來想像容易招來誤會。各位讀者看到以下的例子也許會覺得心裡難受，然而受訪的少女當中，不少人身上都留下父母「傷害的痕跡」。

我曾經遇過一摸就發現頭部側面大幅凹陷的少女，只是平常藏在大量頭髮下方所以看不見。這是受到沉重的餐具攻擊，而導致頭蓋骨凹陷骨折，事後又沒去看醫生的結果。我還遇過「不能猜拳的少女」，因為家長把她的手指朝手背方向用力彎折，導致她過了好幾年都還無法握拳。

「我只能出布，要是對方出剪刀，我就輸定了。」面對少女笑著這麼說，我啞口無言，只能在回家的車子上不斷流淚。

也有一些少女缺少部分毛髮，可能是遭到熱水燙傷所致。還有手上纏著繃帶和護具的援交應召少女，告訴我童年時曾經遭到親生母親虐待而骨折三次，最後離家出走之前，對母親動手到心滿意足為止。她的手之所以會纏著繃帶，就是因為下手太重，結果連自己都骨折了。

無論我多麼想逃避，無論多麼難以置信，少女身上的傷痕都是虐待的「具體情況」，也是留在她們身上的「證據」。我認為可以輕易說出少女逃家是「少女的選擇」「再忍耐一下不就得了」的人，跟加害者沒兩樣。

來到「街頭」之後……

這些經歷艱辛，最後逃家來到街頭的少女，又分成幾種情況。

首先是真的下定決心再也不要回家的少女，她們選擇的逃家地點，不是輔導員認識她們的家鄉或是鄰近地區，而是家鄉附近的中心城市，或是東京、大阪及名古屋等大都市的鬧區。她們選擇的這些地方多半早就有人可以接應，例如同鄉的朋友、學長姐、兄弟姊妹、表堂兄弟姊妹等親戚，或是在網路上認識的朋友。這也可以說是一種不同於故鄉的「地緣之緣」。

另外，原本就認識在中心城市的援交應召站，以去應召站工作為前提而逃家的例子也不在少數；從同齡社群經營的賣春集團，「跳槽」到都市的應召站工作也算是同一種情況。

最麻煩的是毫無任何關係，就衝動地跑去大城市的少女。這類女孩無論自願與否，往往都會進入性產業工作。為什麼她們走進性產業的比例如此高呢？請大家動動腦，和我一起想一想。

她們都是不到十五歲的女孩，很少離開家鄉。就算曾經逃家去城市幾次，一開始往往「連車票怎麼買都不知道」，也不知道怎麼在路線圖上找自己要去的目的地。如同一般人的青春時代，她們不過是一群「不知道也是理所當然」和「這世上不懂的事比懂的事多得多」的孩子。

當她們逃到街頭上時，會發生什麼事呢？

大家回想自己年輕時就會明白了。她們的心中充滿強烈的不安與恐懼。雖然我很少遇到身無分文的例子，然而，她們的心聲往往是：「我不知道要怎麼靠手頭的錢維持生活？」「我不知道要怎麼做、住哪裡，才不會被輔導員抓到而被送回家裡？」「外宿要花多少錢？要去哪裡找打工？履歷書上要寫什麼？怎麼辦怎麼辦？我什麼都不懂……」

受訪的少女中，有人可能是因為壓力過大而得了急性胃潰瘍，結果在公共廁所吐血；也常常聽到因為換氣過度症候群而昏倒的例子。採訪「提供所有人宿舍」的援交應召站時，對方告訴我原本在街頭遊蕩的少女住進宿舍後，所有人同時進入生理期。每個逃家女孩在逃家時都暫時停經，等到住進宿舍稍微安心之後，月經就突然來了。她們的處境就像「戰爭時逃難的孩子」。每個故事都代表這些少女面對了無比巨大的壓力。

雖然希望這些少女能夠獲得幫助，可是她們原本就跟「制度」不合。如同我之前的說明，她們絕對不會拜託公家機關或警察幫忙，抱持「公家機關不會幫我們解決任何事情，不能信賴」

的否定心態和敵對意識。倘若真的找上公家機關，也只會成為「保護與輔導」的對象，被強制送回家鄉的兒童商量所而已。她們的行為雖然是逃家，實際狀況卻跟「逃亡」沒什麼兩樣。街頭就是她們的戰場。

另一方面，逃家少女近年來面對的情況日益嚴苛。我剛開始採訪逃家少女時，出現逃往都市的「短期逃家風潮」。不少例子是春假或暑假期間的夜晚在街頭遊蕩，於是認識了同齡的其他少女；暫時住在認識的女孩家時交到了男朋友，之後轉為跟男朋友同居。到了二〇〇〇年代中期，政府實施的各種法規卻將少女逼向絕境。

首先是所謂的「遊蕩條例」——禁止未成年孩童深夜在外遊蕩。原本提供少女過夜的網咖，因此禁止未成年孩童深夜進入，或是嚴格檢查顧客的身分證。逃家少女唯一可以使用的通訊工具——預付卡手機，也變得必須要出示身分證才能購買。二〇〇五年時，逃往大都市的逃家少女想在街頭生活，並避開輔導與警察盤查，變得相當困難。

換句話說，少女原本「減輕貧困狀態的生活基礎」都遭到制度破壞。在這種情況下，少女需要的是什麼呢？

首先，她們需要的是不用擔心遭到輔導或盤查，可以好好休息的「住處」；接下來是確保住處和食物的「現金與工作」；為了賺取現金，不可或缺的工具則是「手機」；最後是「陪在身邊的伙伴」。這就是性產業吸引逃家少女的理由。行政制度和社福機構幾乎無法提供她們想要的一切；性產業卻能以她們可以接受的方式滿足所需。

這就是長期逃到大都市的少女，大多受到性產業所吸引——甚至應該說是遭到性產業「捕獲」的理由。

街頭的安全網

其實很多人會對在都市的街頭遊蕩，或是坐在街角的少女搭訕。例如一看就知道是要買春的成年男性，還有牛郎、酒店經紀人[22]、搭訕專家及居酒屋的拉客工等長期站在街頭的人。有時，成長經歷和少女類似的應召女郎和從事其他色情行業的女性，也會告訴逃家少女：「待在這種地方會被抓去輔導喔！」對於孤單不安又心情混亂的少女而言，這些人也是一種「救星」。如果少女告訴這些人自己下定決心要繼續逃家，不想回到家鄉呢？性產業的大門就是在這時候對少女打開。

如果商量的對象是為了買春而接近少女的男人和搭訕專家，少女自然會與對方進行性交易。但是賣春之於少女不僅是獲得現金的手段，也是「確保臨時住處」的方法。受訪的許多少女每天晚上和買春對象一起睡在愛情賓館，或是住在搭訕專家、買春男及「給住男」（泊め男；tomeo：在網路上留言，表示

22．酒店經紀人：日文為「スカウト」，指介紹小姐去酒店等餐飲業或色情行業的經紀公司。書中提到的「スカウト」基本上是合法的，不同於違法的「売春スカウト社」（賣春經紀公司）。

願意讓逃家少女留宿的男人）[23]的家。我採訪過為了住進愛情賓館，幾乎一年三百六十五天都在賣春的少女——而且還是姊妹一起賣。這種日子非常痛苦。儘管痛苦，少女至少保住了「今晚的住處」。

接下來是最了解少女的應召女郎和從事其他色情行業的女性，她們常常暫時收容逃家少女。但是她們不會像照顧自己的女兒或妹妹一樣「扶養」少女；她們認為人要自己養活自己，甚至還會向少女要求少許的房租。她們經歷過同樣嚴酷的生活，所以才會如此要求。少女在此學會進入酒店工作時要如何矇混年齡，或是在女性的介紹之下進入首都圈市郊的「未成年店」（アンダー店；anda-ten：明知少女未成年也會僱用她們的酒店）工作。受訪者當中，也有不少人是「與應召女郎一起住的謊報年齡（ミテコ；miteko）[24]應召女郎」。這些應召女郎會在收容她們時，傳授獲得住處與工作技巧給逃家少女。

另一方面，酒店經紀人與牛郎接近未成年的逃家少女，是因

23 少女去住的代價是與對方發生性關係。

24 ミテコ；miteko：日本色情行業的行話，意指「無法提出身分證明的女孩」。

為少女可能是「有風險的潛力股」。原本酒店經紀人不可以找上未成年少女，經紀公司也嚴格規定不可以將未成年少女引進應召站；牛郎基本上也不能叫未成年的客人來店裡捧場。因此，他們的目的是等少女滿十八歲時送進應召站，藉以回收現金。從結果來看，是利用「男女朋友同居」的形式，和應召女郎一樣讓少女住進自己的家裡，介紹少女進入未成年店或是非法的援交應召站工作。

此外，應召女郎、酒店經紀人、牛郎及搭訕專家當中，無法靠正職獲得足夠收入者，利用逃家少女來經營援交應召站的例子也不在少數。典型的做法是，酒店經紀人和搭訕專家對在街頭徬徨不知所措的少女搭訕，成為「男女朋友」後，成立男友拉皮條給女友接客的「一名打字員和一名小姐」的援交應召站。如果少女也變成打字員，斡旋其他逃家少女賣春，就變成正式的賣春集團了。

這跟之前提到的「妓院國中」一樣，都是受壓榨者轉變為壓榨者。當上援交應召站老闆娘的前逃家少女，比起所有人都了解剛離家出走的少女所抱持的問題與痛苦。因此，主要成員為未成年逃家少女的援交應召站對於逃家少女而言，是街頭上吸引力最強的性工作。

「妳是離家出走嗎？也有其他人跟妳一樣喔！我們家未成年也可以做，賺得了錢，還會準備地方給妳住，來我這裡吧！」

其中，不少人會把用自己的名義所辦的手機借給少女。這些人都是從事援交應召站相關工作，或是之後想把少女送進色情行業的人，而之所以這麼做，是為了「維繫關係」「避免跑掉」。總之，逃家少女在此確保了「住處、工作、現金、三餐及手機」。

對於在街頭徬徨，也不知道如何賺取現金的逃家少女而言，這些性工作相關人士是所謂「街頭的安全網」。請大家不要忘記，這群可能會遭到監護人報警尋人的逃家少女，幾乎不可能自己去租房子、用自己的名義辦手機，也無法從事需要在履歷上寫地址的普通打工。然而，這些「街頭的援助人士」非常清楚逃家少女的情況，更不會強迫少女回家。儘管他們的最終目的是壓榨少女，但至少在這個節骨眼上，還是會提供少女覺得方便舒適的個人安全網。

全套代辦人員的說明

雖然有些多餘，不過我想補充說明大都市中，有一項名為「全套代辦人員」的色情相關產業。全套代辦人員的規模非常小，小到連色情行業的相關人士可能都不知道。簡而言之，他們是「把提供街頭安全網化為生意」的一群人。

一般性工作相關的「代辦人員」，指的是協助無法找到保證人，或是想隱瞞自己從事色情行業的女性租屋，假造租屋時需要的審查和其他資料。前者如提供過去的所得證明；後者如提出架空公司發行的所得明細，或業主打電話給前一家公司時造假。至於全套代辦人員提供的服務，則包括租賃名義以租屋；出租健保卡、手機及Pocket WiFi等通訊機器；針對未成年少女提供確認年齡的資料，便於少女應徵色情行業時得以矇混年齡；向地下錢莊融資等等，也就是提供沒有固定住處的女性所需要的一切資源。

這群人究竟是什麼人呢？其實這是酒店經紀人以個人名義從事的副業，同時也是回收多卻違法的商業行為。例如，出租手機是以代辦人員的名義與通訊公司簽約，再租借給需要的女性。一開始（依機種而定）會收取三到八萬日圓的保證金，每個月除了通話費，還會加收八千到一萬日圓的手續費。倘若跟三家電信公司各辦五支手機，光是固定的收入就將近十五萬日圓（約新臺幣五萬元）。就算女性帶著手機逃跑，只要通報通訊公司SIM卡遺失，並申請再次發行SIM卡，帶走的手機馬上不能使用，也無須繳交多餘的費用。

租賃房屋的名義，則是把用自己名義（或是認識的應召女郎名義）所租借的房屋，提供女性居住，收取高於原本房租的租金。然而，畢竟她們可能會逃跑，所以會安排兩名女性同住。就算其中一方逃走，也能向留下來的另一人收取所有房租。代辦業者表示，當二房東「雖然違反契約，卻沒有罰則，所以也不算違法」。

各種代辦的費用，都是看準了應召女郎的收入。如同上述的「酒店經紀人副業」，所有服務都是跟僱用女性的應召站簽約，從薪水中直接扣除，確保得以回收費用。因此對於個體戶的酒店經紀人來說，是相當賺錢的副業。

至於業務擴展至未成年少女的全套代辦業者，特別值得一提的服務是出借健保卡、身分證，並提供金融業務。如同之前所提，酒店經紀公司雖然不能對未成年少女出手，卻不會干涉個別的酒店經紀人行為。

其實，這類全套代辦業者多半是「酒店經紀人兼做地下錢莊」。未滿十八歲又沒有固定地址的少女，去哪裡當然都借不到錢，而兼差做地下錢莊的酒店經紀人，卻能以較低的利息借錢給少女。他們的目的自然是等到少女十八歲進入應召站等色情行業工作時，藉由抽成或向店家預支薪水來回收投資。換句話說就是先行投資，以確保少女將來進入自己旗下。提供金融以外的業務也是為了加強與少女的聯繫，諷刺的是，這也正好是逃家少女非常需要的服務。

對於沒有去處，淪為逃亡狀態的逃家少女而言，生病是最大的麻煩。首先，從事賣春工作使得少女成為性病的高風險群。另外，根據我個人的印象，原先遭受過虐待和棄養的少年與少女，往往身體非常虛弱。明明天氣很冷，仔細一看卻只穿著單薄的衣物；下大雨不撐傘；只吃喜歡的單一食物。簡而言之就是毫無自我管理的能力。教育小孩珍惜健康也是父母的愛情表現，這群少女在成長過程中卻從未受過這類教導，令人心疼。此外，她們也經常為了一點小事而捲入暴力事件，因而受傷。

雖然不見得是必須住院的嚴重傷害或疾病，但這群少女經常得去看醫生，因此十分依賴以數千日圓出租健保卡的代辦業者。

租借身分證不僅是為了避免年齡認證，也是為了留宿網咖，或是在路上遇到警察盤查時好應對。受訪者中，有人持有的機車駕照是只有照片換成自己大頭照的影本；甚至有人持有代辦業者用幾千日圓做的出租 taspo 卡[25]，令我不禁捧腹大笑——代辦業者的服務未免也太貼心了。

這些服務都是代辦業者斡旋其他成年應召女郎的證件，出租給未成年少女，實際收益並不多。提供這類服務的重點還是在於維繫與少女的關係。受訪的長期逃家少女，幾乎都是使用租借他人名義所辦理的手機。看完醫生要回家的少女，拿給我看的健保卡上寫的還是中國女性的名字。

這些服務稱不上「工作」，大多應該是酒店經紀人個人所經營的出租業務。最重要的是，這一切服務都不需要繁瑣的手續和提出身分證明。對於淪落街頭又不擅長辦手續的少女而言，

25 taspo 卡：日本的香菸自動販賣機專用卡，沒有卡片者不能利用自動販賣機購買香菸，申請 taspo 卡時必須認證年齡。

是最「舒適」的安全網。

性工作相關人士對逃家少女的吸引力

由上述可知，對於身無分文就逃到現代大都市的未成年少女而言，大都市已經準備好維持最低限度生活的基礎。這些服務都集中於性產業周邊，其他產業未曾出現類似的情況。我想在第二次世界大戰之後，戰爭孤兒靠著名為「赤線」[26]的賣春產業而活下來時，貧困便與性產業有著密不可分的關係，現在的性產業關係也是當時的遺產。

最後提醒大家，這些「街頭支援者」原本就很容易親近逃家少女。不僅是成長環境複雜的應召女郎和酒店小姐了解逃家少女，酒店經紀人、牛郎，甚至是買春男們，也比一般人容易親近逃家少女。

26 赤線：政府承認的色情行業。

酒店經紀人與牛郎多半也出身清寒或從小遭到虐待，家庭環境複雜。這兩項工作不需要高學歷，也不講究上一份工作，更無須特殊的就業條件，靠著自己的努力就能打下一片天。換句話說，就是「紅燈區的肉體勞動」。對於成長背景不幸的少女而言，酒店經紀人和牛郎往往是「人生中第一次遇到跟自己擁有一樣痛苦的人」。

此外，酒店經紀人對於少女而言也是「共同奮鬥的夥伴」和「戰友」。酒店經紀人斡旋女性進入色情行業或特種行業，可以抽成百分之十到十五。他們壓榨女性的同時，也必須代替女性向店家交涉，要求改善待遇、解決問題，或是協調轉換店家，保護女性的權利。小姐情緒不穩時，必須聆聽她們的苦惱；上班時間爬不起來，要幫忙打電話叫小姐起床；甚至要為小姐打氣：「我們一起加油賺大錢吧！」儘管酒店經紀人對於小姐而言也有黑暗的一面，卻也是一同在色情行業打拚的夥伴。

另一方面，牛郎店、男性陪酒店及男性俱樂部的男性店員，則常常使出「裝病博業績」的招數，也就是假裝成「患有心病的男子」，以拉攏女客。其實他們當中也有不少人跟逃家少女一樣，經歷悲慘的成長經驗，是真的患有心病而非假裝。部分店員的手腕上也有自殘的傷痕。對於逃家少女而言，遇上這種男人是「命中注定」。抱持相同痛苦的兩人彼此依賴，加上少女又是第一次聽到有人對她說：「我希望妳能待在我身邊。」「今天晚上要是妳沒來，我可能已經死了。」可說是獲得前所未有的認同感。

站在店家的角度，患有心病的男女若互相吸引，只要規範他們「基本上只能在店裡見面」，自然會有進帳。這就是所謂的牛郎經濟學。然而對於孤獨的少女而言，「今晚都是因為有我在，你才活了下來」，也是難以取代的成功體驗。

最糟糕也最差勁的安全網——買春男

雖然「買春男」是最糟糕的安全網，不過他們有時也是理解少女的對象。買春男形形色色。我透過採訪，發現許多買春男具備雄厚的經濟基礎，同時也是高知識分子。例如，住在東京的男性飛到北海道買春遭到逮捕，此類新聞時有所聞。他們刻意前往遠方買春，是為了盡量遠離自己的生活圈——這是理所當然的犯罪心理，同時也代表他們擁有大筆的可支配所得。買春男當中，有人甚至是每個週末從首都圈前往大阪、名古屋、福岡、札幌或是沖繩買春。

為什麼他們這麼堅持一定要跟未成年少女進行性交易呢？我曾經有一陣子為了採訪逃家少女而接觸買春男，結果發現他們出人意料的心理。

對於這群買春男而言，向逃家少女買春，是一種自我實現。換句話說，他們認為自己在對少女進行「微心理諮詢」，還得意地告訴我：「這樣聽女生傾訴，她們會很感動。」他們陶醉在對少女表示一定程度理解的自己，同時懷抱著奇妙的菁英意識，大剌剌地對我說：「只有我才懂這群少女的痛苦。」「我透過金錢與精神的支援，協助這群少女。」「比起那些做兒童社福的人，我們更了解兒童貧困的現狀與少女的心聲。」

聽到這裡，我更是憤怒。這種行為不過是最低等的自我滿足罷了！

身為成人，幫得上忙的地方應該很多。倘若真心了解少女的處境，為什麼還要付錢跟她們性交呢？有的買春男聽到少女的處境，甚至流下了眼淚。既然流下眼淚了，為什麼連精液也一起流出來呢？

如果發現少女與監護人處於敵對關係，或受到強烈的支配，應該以個人的身分介入協助；倘若家庭環境不適合少女，應該幫助少女和監護人對立，為少女租屋和轉移住民票，協助少女在新的地點自力更生……這才是少女真正的需求。大人應該為少女著手的是行政手續，以及解決、減輕、理清少女與監護人之間的問題。如果那麼想跟少女做愛，好歹先跟對方談戀愛。

但是這群買春男在付錢給少女性交之後，面對監護人也只能默默忍受對方的攻擊：「我要叫警察來喔，你這個買春的混蛋！」受到自己性慾支配的買春男，不但稱不上所謂的支援者，協助少女的程度可能還不如幫少女招攬客人的「援交應召站男友」。

總之，說到這群買春男總是令我一肚子火，不過還是必須承認這群人也容易和逃家少女親近。

逃家少女的成功談

少女在被街頭安全網，也就是性工作相關人士發現後，得以擺脫逃家初期最貧困的狀態。但是擺脫之後的日子又是如何呢？首先從擺脫最貧困狀態的例子開始看起。

第一種是「戀愛成功型」。在援交應召站等性工作中，能早所有人一步擺脫賣春工作的，通常是外貌與性格足以「馬上找到同居男友」的少女。所謂的男友往往是來自「援交應召站的客人」。

典型的例子是在工地工作的「工匠型」男性。從事土木或營造工作的工人中，不少人的成長經歷跟牛郎一樣，和少女很接近。當他們賺到大錢時，便透過交友網站向少女買春……其實他們的想法比較接近請少女很大一筆客，然後也做了愛，彼此的關係跨越客人與應召女郎，變得更為親近。這群人的屬性類似「亡命之徒」，因此會威脅援交應召站，為少女贖身，兩人展開同居生活。類似情況還有「情婦型」，由成年男性提供住處與每月津貼來包養少女，不過這是非常稀少的例子。

第二種是「獨立創業型」，也就是「具備自行經營援交應召站智慧」的少女。之前提過的例子是，在街頭遊蕩時認識的男友，為逃家少女拉皮條所成立的「小型援交應召站」中，也有逃家少女集合其他逃家少女，自行成為經營者；或是援交應召站的業者看中少女頭腦靈活，讓少女擁有「自己的應召站」；也有本來在做應召女郎的少女，交到亡命之徒型的男友後，讓男友來「拉皮條」，成立自己的應召站。

第三種是「進入色情行業型」，也就是未滿十八歲就進入未成年店，或是謊報年齡而進入酒店工作的少女，等到十八歲生日時，正式成為（向政府報備過的合法）應召站或酒店的員工。這對於少女而言是自然的趨勢，也是支援少女的性工作相關人士所期望的結果。

如果能就此下結論，說曾經淪落街頭的少女因而擺脫了最貧困的生活，那該有多好呢……然而，我所採訪的眾多例子中，能夠真正擺脫貧困生活的，不過是滄海一粟。

遭到淘汰的少女

可惜的是，我所採訪的多數逃家少女，往往無法擺脫性工作中最為殘酷的賣春工作。她們最常經歷的是進入援交應召站後，被迫每天賣春，等到稍微賺到一點錢時，身體和心靈都已支離破碎，於是失蹤。等到手邊的盤纏用盡，只好又回來賣春，不斷重複相同的循環。

這群少女直到年過十八也無法擺脫賣春的工作——因為她們「長得不好看」。

要能擺脫賣春工作，第一項要件是必須具備符合從事合法色情行業所需的外表，也就是「外貌美麗、胸部大、體重輕盈」。少女在此時，被迫面對性工作的現實——想去陪酒，必須具備高超的溝通能力；不需要做全套的色情行業，則要求「不插進去也能讓男性射精的技巧」。坦白說，上述工作的另一項條件是「沒有任何障礙」。這些條件其實也是「能否交到穩定男友」

的要素。換句話說，打從一開始就不具備這些條件的少女，無法打開擺脫性工作與夜生活的大門。

既然從事色情產業的條件如此嚴苛，那麼少女所接受的街頭安全網呢？其實，酒店經紀人和牛郎等街頭援助者更是直截了當。儘管他們容易親近逃家少女，但是他們所提供的私人安全網，主要還是針對「可以靠性產業賺錢的對象」。

無論少女的境遇多麼悲慘，「既胖又醜，個性扭曲」的少女，打從一開始就不在他們的救濟範圍之內。少女外表幼小時，可能還會有援交應召站願意仲介，或是找得到買春男來賺點零用錢。然而這群人對於沒有商品價值的少女，基本上都很冷淡。

結果，無法符合色情行業條件的少女，大多數只能在性工作底層徬徨。

過了十八歲還想進入色情行業的少女，只能前往勞動條件與待遇最差的「激安店」。光憑未成年就能聚集一定顧客的援交應召站，發現少女開始轉換為成人的容貌便不再理會。身無分文就逃出家門，從事賣春工作的少女，原本還能自豪「我至少還有身體可以賣」，最終也苦於「無法靠賣春維生」而淹沒於貧困之中。

最低階層的環境

目前還是有援交應召站（雖然提供的應召女郎多半超過十八歲）和賣春個體戶的女性，在大型交友網站的「立馬板」中尋找買春客戶。如果是業者的留言，可以從留言時間和招募地區看出端倪，而且通常會搭配長相時髦、身材姣好的年輕女性大頭照。另一方面，賣春個體戶的女性留言，多半強調外貌條件差到誇張的地步，例如：「我長得很恐龍……」「我很肥！」「如果不在乎是個胖妹的話……」

東京某處直到現在都充滿了「站壁的」。當我開口詢問酒店經紀人對於當地的印象時，對方的反應非常強烈。

「啊！我知道啊！那裡都是一些明明很胖還化大濃妝，又穿得很露的一堆白色大胖豬！一個個都超過七十公斤！腿好像被壁蝨叮得到處都是，長滿紅色的疹子，看起來髒死了！」

雖然對方的發言十分失禮，卻又一針見血，我絲毫無法反駁。

從車站走出來幾十公尺，就到了巨大的愛情賓館街，通往愛情賓館路上的公廁和吸菸區前方，站滿了二十到三十九歲的街娼。大家雖然會為了逃避警察盤問而在附近徘徊，但是觀察個半天就能發現，幾乎所有人都是街娼。部分女性是向當地的黑道繳交少許的地盤費，或是隸屬激安型的援交應召站——她們做全套也只賺得到五千日圓以下。實際採訪卻發現她們幾乎「以前都是逃家少女」。

「我十六歲時跟朋友一起離家出走，來到這裡！我每天都做，還有人一個晚上就給了我一百萬（約新臺幣三十萬元）！」

聽到這位女性興奮地說著一聽就知道是胡說八道的謊言，可以發現她已經有一陣子沒跟其他人正常談話了。向這群街娼買春的男性，並不如之前提到的買春男願意諒解她們，反而經常對她們殺價、怒罵及施暴。她們的賣春工作只能建立在「提供一般應召女郎無法提供的服務」。但是她們的發言，經常是過往「能靠賣春養活自己」的成功體驗，缺乏其他肯定，令人心酸。

我在採訪中，也發現了智能障礙女性的賣春經歷。由於內容十分混亂，我一直很煩惱要不要收進本書。然而她們的賣春經過也是不應無視的現實，所以本書還是收錄我當初採訪的紀錄。至於採訪的背景、情況及結論，則收錄於拙作《援交應召少女》。文中不加入我個人的意見，希望各位讀者單憑紀錄來思考應當如何幫助這群女性。

■受訪者A（十八歲）

雖然沒有身心障礙手冊，但是自稱有記憶障礙。身邊也的確充滿各種備忘錄。具備ADHD的極端衝動，會在路上突然踢東西，或是在歌舞伎町有流氓的咖啡廳裡突然大聲回話——內容很普通，只是聲音很大。看到路上的街友所照顧的狗，會衝向前去對街友說：「我跟你說過要把這條狗殺掉啊！」心情不好時會一直抖腳。說話算是有條有理，可能是輕度的智能障礙？似乎有說謊的習慣？雙親與雙胞胎的妹妹死於交通事故，父親是國際線的飛行員，母親是空姐。家人死於交通事故之後，進入兒少安置教養機構，最後由阿姨夫妻所收養。之後受到阿姨男友的性虐待？雙親過世後的兩年之間，記憶支離破碎，但是不知為何記得自己學過功夫。十六歲時體重高達一百公斤，但是自稱罹患厭食症。目前七十公斤。據說是家鄉的醫生診斷她為記憶障礙，持有大量的精神藥物。藥物主要是心朗

（Sepazon），心朗並非處方型毒品的濫用藥物，所以應該是開給本人的藥劑。

■受訪者B（二十一歲）

身材肥胖，應該有九十公斤。表情遲緩？智能障礙。A表示遇到B時，B有二級（中度之意？）的身心障礙手冊，之後卻不見了。雖然不想提及童年的經過，不過聽說曾經通過某偶像團體的初試。曾經當過暴走族。對話中出現過「內觀」，表示可能進過少年觀護所[27]。可能是在少年觀護所看過毒癮者，直說：「那真是太慘了，很糟喔！絕對不可以吸毒！」個性十分粗暴，採訪時抱怨居酒屋隔壁包廂的客人很吵，用湯匙持續敲打牆壁。注意力散漫，似乎很在意包廂外面的情況，一邊單手搔抓私處，另一隻手一直放在包廂出口的門扇上。除了會突然

27 日本的少年觀護院採用名為「內觀療法」的心理治療。

大聲說話之外，一直保持溫和的笑容。如果我也溫柔問話，就會立刻冷靜下來。但是很容易為了A的發言而激動，馬上和A吵起來。

■一起生活的A與B來到東京，並淪落至街頭賣春（路上売春；rojoubaisyun）的經過

A與B現在住在歌舞伎町一晚定價五千日圓的網咖或是三溫暖，收入除了來自坐在前KOMA劇場前時對她們搭訕的買春男，還包括在池袋運作的援交應召站集團。

A曾經在東北地區的小城市當小酒館店員，卻遭到繼母男友的性虐待，而逃往當地的中心都市，輾轉於性感陪酒[28]和半套店時，透過牛郎認識了B，兩人於是進入同一間應召站工作。A住進了B所租借的公寓。

28．性感陪酒：類似便服店，比一般酒店玩得更兇。

此時認識的酒店經紀人告訴她們：「現在在招募可以去韓國和沖繩做應召女郎的人，一口氣賺大錢。」於是，在經紀人的介紹下，和一群「像不良少年的人」——四男兩女的集團，一起坐飛機來到東京。這就是兩人來到東京的契機。但是當時Ａ已經滿十八歲，住民票的地址登記的是繼母家的地址，無法馬上拿到護照。過了一陣子，向「像不良少年的人」所介紹的客人賣春，進行性交易。Ｂ覺得和一開始說的不一樣而發怒，引起騷動，並引來警察。為什麼這時候警方沒有把她們轉介給社會福利行政機關呢？難道這不屬於警方的業務範圍嗎？

Ａ與Ｂ之後接受了好幾家應召站的面試，最後透過其他人的介紹，進入東京都內名為「Ｓ集團」的激安型應召站工作。連鎖店中的其中一間店鋪是用公寓來當候客室，可以住宿，於是Ａ與Ｂ便住進了店裡。但是店經理逼迫Ａ和他發生關係，Ａ又在工作時間打開自己的預付卡手機，而和公司發生爭執，遭到開除。Ｂ則是沒有客人指名，於是在店員的要求下接受「肛交講座」——由店員指導如何肛交。學會肛交的話，除了基本的三千九百日圓（約新臺幣一千一百七十元），還能再追加一點費用。最後卻因為太痛而放棄。B在候客室附近的街頭哭泣時，被A發現，在A的強迫下辭去S集團的工作。

兩人基本的活動範圍是歌舞伎町，用賣春賺來的錢去牛郎店玩和住網咖，閒暇時，則在前KOMA劇場斜對面的麥當勞二樓打發時間。

A的夢想是：「存到錢去當美容師，做樂團女孩風的髮妝。」

B的夢想是：「減肥瘦下來之後去演藝經紀公司上課，或是跟家鄉的（牛郎）男友告白。」

■受訪者C（二十三歲）

C每天都會在大型交友網站留言好幾次，尋找「車內口二」

（在車子裡進行口交，一次二千日圓）的客人，於是在她招募東京西部某城市的客人時和她聯繫上。當我用電子郵件告知採訪目的時，自稱負責管理她的男性來電，確定願意接受採訪。一般認為，留下這種極端留言的多半是重度精神疾病患者或智能障礙者，C屬於後者。

C和A一樣有記憶障礙，因智能障礙而持有身心障礙手冊。當事人的舉動非常奇怪，視線游移，甚至無法對話，只會說：「啊，是。」「我不知道。」似乎聽不懂住民票一詞。我完全沒想到採訪殘障人士會遇到無法對話的狀態，相當震驚。我實在太天真了。仔細想想，這根本不是什麼稀奇的情況。重度智能障礙？無法確定是何種障礙，也無法採訪成長經歷。以前曾在智能障礙者的庇護工廠工作。負責管理她的男性是以前在街頭賣春時的買春客。我請對方一同列席，代表C發言。

C以前也曾經在「S集團」工作過。目前雖然是負責管理的男性在交友網站上留言招募客人，C卻不是受到男性的逼迫而接客，兩人的關係是「男性是C的男友」。C不舒服的時候是由男性來扶養。只提供口交是因為C發怒就會打客人，所以不做全套。基本上是請客人到某車站前的巴士轉運站來接C，或是約好在沿線的投幣式停車場集合後，兩人從居住的卡拉OK包廂前往停車場集合。由於都是介紹客人使用人煙稀少的停車場，因此一直使用同一個場地。C常常惹麻煩，所以男性會騎著腳踏車去停車場監視。常客中有人會進行全套，但是基本上只做口交。

採訪中可以感受到C相當信賴男友。C一直躺在男友的大腿上，仰視男性的臉龐。令人驚訝的是，男性本身也由於精神障礙而持有身心障礙手冊。兩個人甚至共用一個錢包——CECIL McBEE的粉紅色大錢包，上面還有裝飾，而賺到的錢都放在這個錢包裡面。男性表示自己原本是牛郎，高中時代混過黑道，由於內臟的疾病而反覆住院。年齡介於三十到三十四歲之間，住在家裡的父（或）母親即將死去，等到他（們）死了就要和

C回家。男性雖然親口如此表示，但是細節不明。

他們在去年（二〇一〇年）十月，也就是採訪的四個月前開始同居，男性的收入除了賣春，還會跟父（或）母拿錢。兩人利用卡拉OK的夜間包套住在卡拉OK的包廂。以前也曾經住過網咖，卻因為在網咖裡賣春而被店家趕了出來。雖然成為「拒絕往來戶」，但是店家發現兩人賣春卻沒有聯絡社會福利行政機關，令人傷感。也許店家是希望男性和C覺得：「我們沒報警就已經很有良心了。」

智能障礙女街友的生活環境

受訪的三個例子，都曾經在東京都內等級最低的應召站「S集團」工作過，也都遭到解僱。我不覺得這三個例子的主角都有能力自己積極應徵這類應召站，應該是在路上遇到一些會積極對「一看就知道是殘障人士」搭訕的男性，再由這些男性引領她們走進性產業。據說這類人士在東京都心以歌舞伎町一帶最多。

根據A的說法：「有人找我去拍A片喔！說跟狗做就給我三十萬！」

此外，只要待在歌舞伎町，每天總會有五個人左右跟A搭訕，問她要不要拍A片，或是介紹她去援交應召站。常常有人問她：「妳知道什麼是雜交嗎？」A有時候也會對對方大聲咆哮「吵死了」或趕走對方。也有不少擁有特殊癖好的男性，覺得像A這類的智能障礙者很可愛而前來搭訕，問她們要不要去吃飯或是唱歌，對她們非常溫柔，當然也會對她們提出性方面的要求。這群女性雖然非常粗暴，卻也個性老實，容易了解。只要心情好，就會一直笑咪咪的。應該也有男性喜歡這種如同小孩般可愛的女性吧？

A也提到歌舞伎町聚集了各種問題女性，包含殘障女性，形成鬆散的同齡團體。興趣相同的女性會一起去看演唱會、去牛郎店玩、打小鋼珠，或是一起去唱歌。社群夥伴會（以傳簡訊的程度）互相聯絡，因此也會出現援交應召站或色情行業的介紹。

我問過色情影片經紀公司的社長，現場是否存在很多智能障礙的女優，對方表示：「她們出現在所謂三大NG（重度SM、肛交及排泄物）的A片現場，拍攝排泄物系的AV女優半數都是智障，」同時也表示：「一九八〇年代流行的蘿莉控雜誌，曾經利用智障和唐氏症的國中小女生拍攝裸照。」這證明了智能障礙的女性與成人影片產業的關係。許多少女都是被父母帶來和業者簽約，算是業界的黑歷史。

請教援交應召站的業者時，對方表示：「殘障女性可能會導致致命的麻煩，引來警察，又容易和其他女生起爭執，所以我們不會僱用。如果一定要僱用，會搭配也是殘障的男性擔任打字員（招攬客人的員工），靠兩人一組來賺錢抽成。」C和男友可能也是類似的情況。

社會福利制度與機關難以接觸最貧困女子的原因

如同色情影片業者所言，殘障女性經常拍攝健全女性所無法忍受的粗暴色情片。如果東京都內等級度最低的S集團、處於性工作底層的援交應召站都不僱用她們，可以想見她們必須在絲豪無視人權的環境下賣春。根據援交應召站的業者表示：「要用殘障女性賺錢，最好的方式就是派去做雜交。現在還有很多企畫雜交活動的業者，一般女性在罹患心病之前身體會先撐不住，但是殘障女性都很強壯，所以沒關係。」我問對方什麼很強壯，業者表示是「骨架大」。我不明白對方是否意指身材肥胖，所以可以承受激烈的性交。另外，性產業人士對於智能障礙女性的共同認識都是「肥胖」。根據援助智能障礙者的團體表示：「智能障礙者從小就喜歡吃高卡洛里的食物，長大之後改不了習慣，於是容易肥胖。」

我向婦女庇護機關的相關人士尋求意見，對方也這麼表示。

「婦女庇護機關本身無法測試前來的女性是否殘障。但是無論對方是因為毒品還是賣春而來到婦女庇護機關，幾乎所有人都有些障礙。她們不僅有智能障礙，往往還混合其他的障礙。但是持續援助她們畢竟是件困難的事，她們有些人只會在生活真正窘困時才來到庇護所，過了一會又不見人影；或是賣春時遇到麻煩，才進入各地的庇護所。」

另一方面，支援智能障礙者自立生活的庇護工廠員工，則彆扭地做以下表示。

「我們工廠，的確出現過如同鈴木先生所說的十幾歲少女，但是她來實習的第一天就逃走了……說她不想工作。畢竟她知道如何輕鬆賺錢的方法（賣春）。通常這種少女的父母也是輕度智能障礙者，父親靠生活扶助金生活，母親十六歲就生下第一個孩子，家裡一共有七個兄弟姊妹，回到家也沒有空間可待，只能在廚房的桌子底下睡覺。有人逃走三天之後，在以前待過的兒少安置教養機構附近找到。我們永遠都為她們敞開大門，沒有意思要挑選照顧的對象。也許我們應該做到就算對方揮手趕走我們，也還是要硬把對方拉回來的地步。可是我們畢竟也不能忽略就在眼前的其他智能障礙者。」

賣春的智能障礙女性的確立即需要救助，但她們卻又不是大家腦海中想像的「乖巧安靜，等人來幫助的殘障人士」。她們的言行往往比想像中更為粗暴——但是我們必須諒解她們極為粗暴的言行，可能是反映過往受到的暴力或自我防衛。另外，眾人經常誤會淪落到在街頭賣春的女性，以中度或輕度智能障礙者居多，重度智能障礙的女性應該會受到援助。然而我之前所提到的受訪者C，很明顯就是重度智能障礙者。殘障程度如此嚴重的女性，居然能不為社會福利行政機關所發現，靠著賣春維持生活，實在令我非常驚訝。

坦白說，我不知道這群人究竟需要什麼樣的福利制度。負責斡旋殘障女性的酒店經紀人對我說：「是要去庇護工廠賺零用錢，還是要靠自己賺來的錢打扮得漂漂亮亮呢？就算是智能障礙的女生也想打扮得漂漂亮亮，也想出去玩。」這番話令人心頭一沉……共享CECIL McBEE錢包的那兩個人，也是仰賴最小的組合來彌補彼此的貧困。他們絕對需要社會的拯救，但是想到社福制度能否給予他們勝過目前的居處，我心中卻找不到答案。

無法擺脫賣春與貧困

我一直心想：「為什麼這些人會淪落至此呢？」

她們首先缺乏三種緣分——從小在惡劣的環境下成長，因此失去家庭的緣分；生活經驗導致她們排斥拯救自己的制度，所以失去制度的緣分；同時她們也失去地緣的緣分而來到街頭，進入性產業……各位讀者看到這裡，應該湧起一股疑問——為什麼她們會淪為「地緣無緣」和「失去家鄉同齡的社群」呢？

其實問題就出在她們身上。

我知道寫下這番話一定會遭到批判，但我還是必須提起筆來。如同上述的智能障礙賣春女性與埋沒在賣春中的逃家少女，往往具備「三種障礙」——精神障礙、發展障礙及智能障礙，或是障礙邊緣人。如果覺得障礙這個說法不好聽，可以換成「她們真的是一群無可救藥、麻煩又不討喜的人」。

我真心覺得「人愈是麻煩愈有意思，這正是人之所以為人」，所以才能持續採訪的工作。一般人跟這群女性溝通不到三天，大概就會舉雙手投降了。

因此這群女性才會陷入孤獨。地區性的非行少女集團都是「由女性所組成」，會排斥無法融入團體的少女。遭到社群排斥所集結而成的「逃家少女援交應召站」，則充滿了個性強烈到前所未聞的少女們，她們雖然一時之間會因為遇到成長經歷相同的夥伴而得到慰藉，但一起賣春三天後便會陷入內亂，開始覺得：「我要打倒那傢伙！」「這傢伙真討厭！」情緒穩定又具備一定程度外貌的少女，會一一脫離援交應召站，剩餘的少女只能在孤獨中，藉由不穩定的賣春工作維繫與社會的連結。

走到這步，已經不會有人想要關心她們了。

無論從何種局面看來，她們都是受害者。一無所有又遭受凌虐的少女，不僅無人關心，連在性工作的世界也是遭到排除與歧視的對象。難以承受的痛苦不僅無法「為人所見」，甚至還無法「為人所理解」，成為眾人批判的對象。

這種情況絕不能說是個人必須擔起責任，因為這群少女的「自我」，早已被破壞殆盡。

這就是處於性工作最底層的「最貧困女子」的真相。

究竟該怎麼辦才好呢？本書雖然以「逃家少女」為中心，描述她們的生活，但其實這些情況不僅限於逃家少女，「貧困女子」一詞所代表的低所得女性愈是普遍，問題也變得愈是切身。

第一章所提及的「溫和派不良少女」，其實也是所謂的「高風險群」。她們目前雖然還有可以勉強依靠的家庭和地緣，然而倘若當事人或其手足生病需要看護，或是離婚成了單親媽媽，又遭到地緣的社群排擠，生活會變成什麼樣子呢？或許這正是她們異常重視地緣的理由，但是地緣關係也不能永遠保障她們的生活。

至於第一章提到的網咖難民小島等「貧困女子」，以及遭到配偶家暴、家庭發生問題或背負多重債務等因素，逃到大都市的鬧區，成為半個街友的女性，對她們而言，性工作具備一定的吸引力，同時也是不安定的私人安全網。然而，踏進性產業的結果是外貌與個性遭到殘酷的分類，痛苦也變得不為人所見，陷入無法擺脫的貧困。

然而，現在卻出現讓這種「看不見的狀態」，更難以為人所見的情況，也就是出現了「新的性工作者」。

四

最貧困少女の可視化

看見最貧困少女

ふんわり系美女の副業　甜美型美女的副業

地方週一デリヘル嬢　每星期當一天應召女郎的鄉下女性

選ばれたセックスワーカー　成為性工作者的資格

攻撃対象となる最貧困女子　成為批評對象的最貧困女子

ウリは素人　賣點是素人

「援交」と最貧困少女　「援助交際」與最貧困少女

セックスワーカー三分類　性工作者的三種分類

セックスワーカーの底に埋没する「最貧困女子」を可視化する　如何看見埋沒於性工作底層的「最貧困少女」

甜美型美女的副業

某天晚上十點，我來到一個位於北關東地區的城市裡某間兼賣生鮮食品的百圓商店，雖然不是位於國道和縣道沿線，卻有不少顧客上門。工藤愛理（二十四歲，假名）在這群顧客當中，熟練地把商品放進購物籃中，和肥胖的年輕女店員談笑，一副就是常客的模樣。她毫不猶豫，快速地把商品——薄薄的炸肉餅（四個裝）、主要是豆芽菜的混合蔬菜、紅豆口味的丹麥麵包、一公升紙盒包裝的果菜汁——放進購物籃。所有商品當然都是一百日圓。我看到愛理站在收銀檯附近，正思索著究竟要不要買一百日圓的洋蔥時，我對她說：「可以用採訪的經費付喔！」愛理一聽到這句話，便開心地擺出小小的勝利手勢：

「耶！」

「我超推薦這家的丹麥麵包，熱量雖然高達五百大卡，可是吃了之後半天都不會餓。用微波爐加熱會軟掉，所以我一定用烤箱加熱。混合蔬菜今天不煮就會壞掉，所以會加進法式清湯或是味噌湯。果菜汁是預防長痘痘。我這個人真是超級細心的對吧？」

笑著說今天買的食材「一共六項，是兩天份」的愛理，巧妙地用化妝加強臥蠶，是位相當甜美的美女。看到她的長相，有人猜得出來她的「副業」是什麼嗎？

愛理從職業學校畢業之後，進入家鄉的汽車零件製造商當正式員工，工作內容是行政。除此之外，她每星期有一天晚上會從事「晚上的打工」。所謂的打工是應召女郎。她已經在當地規模最大的連鎖應召站工作半年以上了。

「我之前完全沒有做過這類的工作。念職校的時候跟父母同住，從高中就一直做同一份打工。別說是色情行業了，連一般陪酒都沒做過。可是去年夏天跟國中同學去家庭餐廳喝茶聊天的時候，聊到有沒有什麼好的打工。結果我們那天一時興起，開始找那種女生專用的求職雜誌，然後就進這行了。我因為害怕，所以是跟朋友一起去面試的。剛開始與其說是抗拒，不如說是超緊張！可是店裡的員工都好溫柔喔！他們說我去的那家店在我們這一帶算是比較貴的店，也比較沒有奇怪的客人。比起晚上的打工，白天正職的性騷擾還比較嚴重呢！我上個月光靠晚上的打工就賺了十二萬（約新臺幣四萬元）。剛好我開的輕型汽車得花錢車檢，真是幫了我一個大忙。」

白天的正職年薪扣完稅是一百五十萬日圓，應召站的工作平均每個月賺六萬（約新臺幣二萬元）到八萬日圓。每星期有一天下班時，開自己的車去應召站業者方便接送的大型賣場免費停車場，請業者來接。到免費停車場的交通費必須自己支付，也不像大城市的應召站一樣有最低薪資保障——沒客人也會支付當天的薪水，所以如果沒客人指名就賠錢了。愛理表示好險一直都有客人指名。照這樣算起來，愛理的年薪大概是二百三十萬日圓（約新臺幣六十九萬元）左右。

每星期當一天應召女郎的鄉下女性

第一章提到去找溫和派不良少女的永崎時，是為了「某項採訪」。其實我當初原本的目的，是要採訪像愛理這類「每星期當一天應召女郎的鄉下女性」。

貧困女子這個名詞愈是普遍，鄉村地區的中心城市，就出現愈多平日從事一般行業的女性，開始每星期做幾天性產業的打工。我一聽到這種情報，馬上去實地採訪。採訪基本上是以愛理所屬的應召站店長為起點，同時也採訪了愛理、應召站同事、姊妹淘、兄弟姊妹及男性朋友。他們口中的現況完全超乎我想像。

首先是應召站的店長這麼告訴我。

「現在的女生早就不是因為家裡有問題才來做這一行。我覺得風氣應該是金融風暴之後變的。雖然我店裡也有為了還錢，只好當正職應召女郎的女生（每星期工作五到六天）。但是最近抱著打工的心態，每星期做一天的女生的確增加了。你說我們會不會很麻煩？怎麼會！現在做外送都是靠網站在招攬客人，我們的策略是增加很多打工妹，好讓網站能刊登各種小姐。有自己店面的『紓壓館』（ヘルス；herusu）[29]或是『變裝店』（イメクラ；imekura）[30]，小姐必須要有一定程度的技術，所以需要做正職的小姐。應召站的需求則剛好相反，要有『素人』的感覺。正職怎麼演都還是會有風塵味，其實網站上愈是天天來上班的小姐，愈是沒人點。每週只做一兩天的小姐，無論做多久都還是有素人的氣息，客人會特地挑這種小姐預約。」

順帶一提，這家店的紅牌是幾乎每天排班的AV女優，其他八成左右的小姐每星期只上三天班。面試時有些女性會謊報，所以無法確定白天是否有其他正職。但是根據店長的直覺，大概一半以上的女性在白天都另有正職。

負責幫色情行業徵人的「經紀公司」，也加強招募這種「一星期一次」的小姐。

「雖然都說愈來愈多一般女生做這一行，不過不管是以前還

29 紓壓館：顧客與小姐在店裡從事性交易的店。

30 變裝店：類似紓壓館，但是小姐會依客人的要求換上制服等服飾變裝。

是現代，大家在某種程度上還是會排斥。但是我們徵人的方式跟員工的技術也都提升了。（色情行業的徵人）廣告會先說是『按摩店』或『只要用手』，好增加來面試的分母。等到真正進來做之後，我們再找自己人來點小姐。當小姐覺得工作輕鬆，客人又溫柔，做這行也不錯時，我們就跟小姐說做應召女郎，薪水會翻倍。」

實際翻閱當地的徵人廣告雜誌，就會發現明明是鄉下，廣告的數量卻十分龐大，厚度跟大都市的徵人雜誌差不多。如同業者所言，的確不少徵人廣告說：「不用摸客人的身體！」在採訪的過程中，我愈看愈頭痛。

坦白說，我的感想是：「這有點糟啊！」

成為性工作者的資格

聽到「每星期當一天應召女郎的鄉下女性」愈來愈多時，我腦海中浮現的是：「日本也走到這一步了嗎？」隨著低所得群擴大，光靠白天的正職無法生活，女性只好從事色情行業以增加收入……我原本以為是如此悲慘的情況。

然而，無論是愛理還是其他應召站同事，大家一點都沒有「不得已只好去做色情行業」的悲慘氣息，甚至讓人覺得她們是在享受充實的二十幾歲人生。愛理跟第一章的永崎一樣，在家鄉有很多夥伴，徹底活用針對低所得所出現的廉價商店，與夥伴互助生活。愛理對我說：「就我一個人賺這麼多，我還抱怨或是不安的話，是會遭到天譴的。對我來說，做應召女郎是求心安——為了心安。」

跟愛理在同一家應召站工作的女性，則這麼告訴我。

「老實說，我想去摸奶吧（オッパブ；oppabu）[31]工作。應

31 摸奶吧：女性不從事性交易，僅讓客人摸胸部的店。

召站沒有最低薪資，如果沒有客人指名，還得自己賠交通費。可是這一帶很落後，沒有這麼方便的店，就算有，裡面也都是十八到二十歲的女生。我曾經想去陪酒，可是陪酒的酒店很遠。不過光是可以做應召女郎就不錯了，要是太胖或太瘦，就連應召站都不會錄取。」

她們不是因為白天正職的薪水少，才「不得已」兼差做色情行業，反而是「我很驕傲自己可以靠做應召女郎來賺錢」。我很驚訝愛理公司的人已經知道她每星期做一次應召女郎，甚至連她弟弟都知道，也告訴了不少朋友。儘管不能大聲宣揚，當應召女郎卻也不是什麼丟臉的事。這群女性甚至覺得，可以靠自己的「資源」來賺取高出同齡夥伴的所得，是件值得驕傲的事。

應召站的店長也如此告訴我。

「這群從事應召行業的女性畢竟還是『天之驕子』。我問過她們白天的工作，橫跨餐飲、美容、派遣、看護及製造業，雖然不確定是哪種行業最多，但至少長相和精神狀態都通過了面試。我們這一帶有店面的色情行業門可羅雀，來自大城市的全國連鎖集團也幾乎都撤退了。安倍經濟學跟我們一點關係也沒有！應召站也是要大型連鎖店才賺得了錢，而且現在還出現了『全部都是美女，大家都不戴套』的韓系應召站，想贏過他們也只好用長相來挑小姐。以前店裡常會出現固定去看精神科醫生的女生，那種精神狀態不安定的女生，我們現在也都盡量不用了。」

愛理等人的確有著一副做得了讀者模特兒的長相，在她們所屬的家鄉夥伴當中，能夠兼差做色情行業，表示「長得夠漂亮」，周遭的人甚至還會有點羨慕她們。

成為批評對象的最貧困女子

這種情況非常糟糕。愛理和她的朋友們，雖然收入少卻不貧困。所謂的「溫和派不良少女」進入性產業，表示一定會有人被踢出來。首先會被踢出來的，就是之前提到的符合「三種無緣」與「三種障礙」的女性。就連逃家少女和從賣春轉行進入色情行業的女孩，相較於愛理這些「天之驕子」，也顯得褪色不少。

採訪愛理等人時，我腦海中一直浮現第二章提到的例子——在交友網站上賣春的單親媽媽加奈。之前提過加奈和愛理，都是在北關東某中心城市附近出生長大。相較於愛理周遭並非從事性工作的朋友，加奈雖然十分貧困，可支配所得卻比較多。到了採訪後期，加奈在速食店打工的月薪，最多可達八萬八千日圓（約新臺幣三萬元）。加上賣春的所得，平均每個月收入是十二萬日圓左右。她沒有車子，也沒繳交稅金、年金及國民健康保險的保險費。所以這十二萬完全是可支配所得，而且國宅的房租每個月只要三萬日圓。

面對月薪十二萬卻說自己生活很辛苦、活不下去、很想死的加奈，愛理她們會怎麼想呢？

我抱著結果可能很不愉快的覺悟，再次採訪愛理等人。接受採訪的是愛理和前應召站同事的美優，我請教兩人的感想時，盡量隱瞞了加奈的個人資訊。

我還沒說完加奈的成長經歷和狀況，愛理和美優便面面相覷，露出近乎苦笑的表情。愛理打斷我的說明，開始發問。

「可是——我們知道是有這種女生，也知道她很可憐，但是，有了小孩為什麼還要去交友網站賣春呢？不是也有錄取胖子跟醜八怪的應召站嗎？」

我告訴愛理，除非是大城市，否則很少有這種超激安型應召站。透過這種都市的激安型應召站接客，一個客人甚至賺不到二千日圓。

「要不然改去做半套的店呢？那種店都暗暗的，（面試的）條件很低啊！如果家附近沒有那種店，為什麼不搬走呢？」

我告訴愛理，對方沒有錢搬家，也沒有心力去辦手續。

「她只是懶吧？如果白天可以在速食店打工，表示她能做服務業啊！晚上再去打工不就得了嗎？」

但是對方精神狀況不穩定又沒體力，做不了兩份工作，也沒人可以幫她看小孩。

「她只是耍任性吧？要說丟著小孩不管，那做色情行業的女生的小孩都很可憐啊！可是小孩也不想被人家說好可憐。我有類似的朋友，帶著孩子，白天在超級市場工作，晚上再去酒吧兼差。她素顏超醜的，所以化妝成辣妹的感覺，女生不就是因為長得不好看才要化妝嗎？酒吧很缺女生，之前也有刊徵人廣告喔！那家店會接送，所以沒有車也沒關係。在店裡交到朋友，就可以請朋友幫忙帶小孩啦！也有店家有托兒所。要不要我請朋友幫她介紹？」

但是對方不會喝酒，又非常怕生。

「她到底想怎樣啦？這種人真的有兩個小孩嗎？這不是很糟嗎？這種人要怎麼養小孩？」

可是小孩已經生了，她也強烈希望不要跟小孩分開。

「……可是也有喜歡胖子跟醜八怪的男生，要不然去當M奴隸也能賺啊？不是聽說SM的男生大多是醫生或學校的老師嗎？如果是重度SM俱樂部，NG（女性不能提供的性服務）少的話，也會錄取那種女生喔！應召站裡，精神有問題的女生也都是去做那種。」

我嚇了一跳——其實我沒有告訴愛理她們，加奈投靠了自稱綁繩師傅和老師的男人。

聽完加奈的現況和心情之後，愛理跟美優露出厭煩的表情。

「這又不是什麼稀奇的事，我們也是有朋友沒爸媽，或是因為心病拿過生活扶助金。就是因為這樣才要重視朋友跟男友啊！我們又不會因為對方肥就不跟她做朋友，肥不肥跟當朋友也沒關係。你看路上不是很多醜八怪都跟男朋友走在一起嗎？她沒有朋友，我只會覺得是她個性有問題。可憐的是小孩吧？如果她在我面前，我一定會痛揍她一頓，讓她清醒過來。如果她願意改，只要她住在我附近，我一定會幫她，也會跟她做朋友。但是改不了的話，就是她有問題了。她沒有資格當媽媽，那種女人一定會虐待小孩的。」

那天晚上，愛理和美優蹺著一雙長腿，坐在麥當勞接受我的採訪。她們的智慧型手機不斷傳來LINE的通知鈴聲。回想採訪加奈時，她的手機似乎一次也沒響過。和加奈一樣從事性產業，收入也一樣的愛理和美優，說起話來頭頭是道，毫不留情，句句到位。

加奈這輩子一直遭受到愛理這種人的批判和攻擊吧？我就算把加奈帶來，讓愛理痛揍，加奈的個性也還是不會改變。我雖然向愛理和美優傾訴了加奈的痛苦與悲傷，她們又聽懂了幾分呢？

賣點是素人

過了幾天，我把採訪的感想全部告訴應召站的店長，我問：「一星期只做一天的應召女郎和另有普通正職的兼差應召女郎日益增加，那些原本『只能做應召女郎』的女生呢？」店長聽了卻反問我：「你知道為什麼猶太人常常得諾貝爾獎嗎？」然而，這句如同謎題的回答，卻隱含了性產業專家的嚴厲批判。

「我跟你說，猶太人跟做色情行業的女人很像。為什麼很像呢？猶太人幾千年前就被趕出自己的國家，去哪裡都受到迫害。他們從經驗中學到金錢跟土地都會被侵略和奪走，所以把他人搶不走的知識和教育，都有系統地編進宗教裡，養成一輩子都要念書的習慣。這種人當然會得諾貝爾獎。女人也是一樣，對於女人來說，什麼東西是一輩子都不會被搶走的財產呢？那就是身為女人這件事。你知道那些店裡的紅牌耗費多少心血嗎？所有女裝雜誌都看過，學化妝、做保養、去健身房，磨練『誰也搶不走的美貌』。女人之所以要變漂亮，都是為了保障自己。因為她們很努力，我們也會覺得得幫她們才行啊！」

店長這番充滿哲理的話令我大吃一驚。但是，「努力不了」的女生該怎麼辦呢？

「那種人干我屁事？她們可以去原本收費標準就不一樣的店。但是現在像愛理的女生愈來愈多，她們應該賺不了錢吧？這一帶短程服務從七千（約新臺幣二千一百元）起跳，如果是那種店應該願意收。要不然就是只能做全套了。我看你好像有誤會，先跟你說清楚。我們這行是『賣春賣身要素人，色情行業要專家』。像這週有很多人來面試，然後來個胖子說：『我什麼玩法都可以！』遇到這種我們也是很頭痛。妳這種貨色居然還敢開條件！先給我去慢跑瘦下來再來。我因為怕人家記仇，跑去跟警察說些有的沒的，所以才沒直說。每個來做這一行的女生都有付出。像愛理還有腹肌喔！看到她付出這麼多，聽到人家說她在鄉下，又是一星期才做一次，只是來沾醬油的小姐……

我就覺得很生氣。不要小看專業的。」

賣春賣身要素人，色情行業要專家。這句話深深刺痛我的心。根據店長的說法，職業應召女郎看起來要像「近在身邊，可愛一點的年輕女孩」。不能太豔麗，也不能太樸素，重點是「出租女友，像在約會」。

「色情行業的客人也逐漸高齡化，以前那種『你要不要爽一下？』的單純做法已經行不通了。但是一開始就太專業，年輕客人會嚇到。小姐們會裝成素人的樣子，配合客人改變玩法。如果客人喜歡教人，小姐剛開始會假裝技術很差，讓客人以為是受到自己調教才變厲害。至於要求技術的客人，打從一開始就使出全力。這樣不就什麼客人都會指名自己了嗎？我們可沒這麼教小姐，是小姐自己想出來的。雖然全套一直都有市場需求，但是紅牌小姐可不想跟那些以為躺在那裡給人插，就能賺到錢的女人看成是同一掛的。」

面對店長這一番連珠炮的發言，我不知該如何回答。

「援助交際」與最貧困少女

從性產業的「上層」來看，無法發現隱含於其中的貧困問題。由於低所得階層增加，促使「一星期當一次應召女郎的鄉下女性」正當化，處於底層且身陷貧困的女性更無法為人所見。今後隨著貧富差距擴大，這種傾向應該會更加嚴重。最可怕的是，無法擺脫賣春工作的最貧困女子，成為敬業的色情行業工作者攻擊與歧視的對象。

事情愈來愈看不見出口。

其實我花最多時間與精力採訪「逃家少女」和「賣春少女」時，不斷感受到「性產業最底層中最不為人所見」的矛盾。無論我如何採訪與描述她們的痛苦、貧困及虐待等悲慘的成長經驗，也感受不到報導內容「傳到」讀者的內心。

報導之所以無法打動讀者，在於有些不負責任的人擅自創造出「援助交際」和「援交少女」等名詞，以及這些名詞造成的偏見，形成了一堵難以跨越的高牆。

一九九〇年代起，援助交際利用電話交友（テレクラ；terekura）、色情電話（ダイヤルQ2；daiyaru Q2）、約會俱樂部（デートクラブ；de-tokurabu）、制服與運動服店（ブルセラショップ；buruserasyoppu），以及街頭搭訕，成為一種社會現象。到了二〇〇〇年代，我感覺網路和手機成為「匿名買春賣春的交涉工具」，導致買賣春的門檻降低，規模也隨之擴大。其實我剛開始也不了解少女多元又複雜的背景，反而是受到多樣化的少女賣春現象所吸引，抱持著一半工作一半好奇的心態去觀察。

我是在二〇〇一年左右，採訪了因為想得到網路遊戲中的「城堡」而去賣春的女大學生，也遇過在剛起步的雅虎拍賣上販賣穿過的內衣時，順便留言「要不要連我一起買」的正牌女高中生。當我採訪到一名發現單憑賣春不能賺更多的十五歲少女，居然在包包裡偷放「個人手銬和眼罩」，利用「少女監禁玩法」

來賺取追加費用時，我趕緊說服對方在演變成事件之前住手。

這群少女的背景也是錯綜複雜。例如，有的少女把援助交際賺來的錢，用來貢獻給無名地下樂團的吉他手，還很得意地告訴我，每逢對方舉辦巡迴表演時，總是和他住同一個旅館；有的是沉浸在動漫世界的千金大小姐，由於家教嚴格，缺乏性知識，總覺得自卑；有的是國中時為了和霸凌自己的辣妹集團對抗，於是裝成「做援助交際我也不怕」的不良少女；有的是對於性的好奇心演變為「研究心」的好學校女孩，不僅性交對象橫跨十四歲到七十二歲，還告訴我各種我一點也不想聽的細節。

這些故事簡直是「脫離性倫理的樣本」，的確駭人聽聞，值得寫成雜誌的報導。對於那些在腦中把一九九〇年代的援助交際風潮，僵化為「水手服少女和西裝男手牽手」的簡單偏見，或是把援助交際當作未成年的性暴走與少女流露多愁善感的心靈，嚷著什麼狗屁文化論的歐吉桑而言，的確是可以一邊喝酒一邊討論的好話題：「最近的年輕人聽說淪落到這種地步喔！」

各家雜誌確實也請我寫過這類的報導。

但是反覆採訪之後，我發現除了大部分為了賺取零用錢而從事援助交際的少女，還有一小群「為了生存而持續賣春」的少女。不知從何時開始，我變成專門採訪這些情況特殊的女孩，採訪的成果彙整成兩本書——《無家可歸的少女》和《援交應召少女》。

我雖然有滿腹的思緒想要表達，但關鍵還是在於「多數的援助交際少女」vs.「極少數為求生存而賣春的少女＝最貧困少女」。其實少女所從事的性工作，遠比成年人來得錯綜複雜。換句話說，少女的「賣春方式多樣化與複雜性」非同小可。原因在於未成年少女不得從事性工作，於是業界為了逃避法規而出現各種型態的性工作；加上少女尚未養成守法意識與倫理概念，以及缺乏其他的賺錢手段，因此進入性工作的門檻也低。

容我說句難聽話，媒體也要負起很大的責任。例如，當醒目的買春事件或「少女因性工作受害」形成事件，各家媒體去採訪當事人時，通常短期間內採訪到的當事人是「多數」中的其中一位。如果對方的貧困狀態不明顯，結論便會是：「所以這就是性的秩序崩潰。」接著是一臉無所不知的學者提出評論：「網路跟手機已經成為兒童賣春的入口喔！」最後是評論家作結：「好恐怖喔！我們不能置之度外。」報導便結束了。

「最貧困少女」因此埋沒在事件之中，變得愈來愈看不見。

在一片混亂之中，要怎麼做才能讓世人看見最貧困女子與最貧困少女呢？我認為首要之務是明確分類性工作者，因此嘗試從型態最為複雜的少女性工作開始分類。少女性產業的分類也能運用於成人性工作者身上。

性工作者的三種分類

第一步是，以工作理由將性工作者分類，一共可分為三種。

第一種是「生存型」，也就是在貧困中求生存，或是冀求擺脫貧困而進入性產業的少女。大多數的最貧困女子都隸屬這類。

第二種是「工作型」，也就是將性工作或色情行業視為「以女性為商品的工作」，心態類似工匠的性工作者。「每星期當一天應召女郎」中敬業的女性應該算是這類；受僱於妓院的性工作者，尤其是從事泡泡浴（ソープランド；so-purando）等需要特殊技法與技術的女性也在此列。原本隸屬生存型的少女，在緊急狀況解除之後，有時會繼續從事性工作，因此不少工作型性工作者其實是「前生存型少女」。

最後一種是「零用錢型」，也就是不覺得自己在工作，也不貧困，只是單純想增加收入而兼差從事性工作的女性。荻上千紀在著作《她們的賣春》中，調查與分類眾多透過交友俱樂部

（出会い喫茶；deaikissa）從事賣春的女性，將零用錢型性工作者命名為「貧富差距型賣春」。「每星期當一天應召女郎」中不敬業的女性和統稱為「援助交際」的少女性工作者，可以歸於這類。

其實除了上述三種之外，還有「擁抱型」（有點寂寞所以從事援助交際）和「實現自我型」（我可以做性工作真是超棒的）。本書特意省略，以免造成讀者混亂。

下一張圖是以少女從事性工作的理由，來為複雜的未成年性產業分類。先撇開少女從事性工作如此之多的問題，倒三角形的上下代表經濟狀態，往上代表經濟狀況好，愈往下代表經濟狀況愈差——也就是愈需要求生存。左右代表敬業精神，靠近右邊是抱持玩票心態的零用錢型，往左邊是敬業的工作型。接下來說明各種工作的概要。

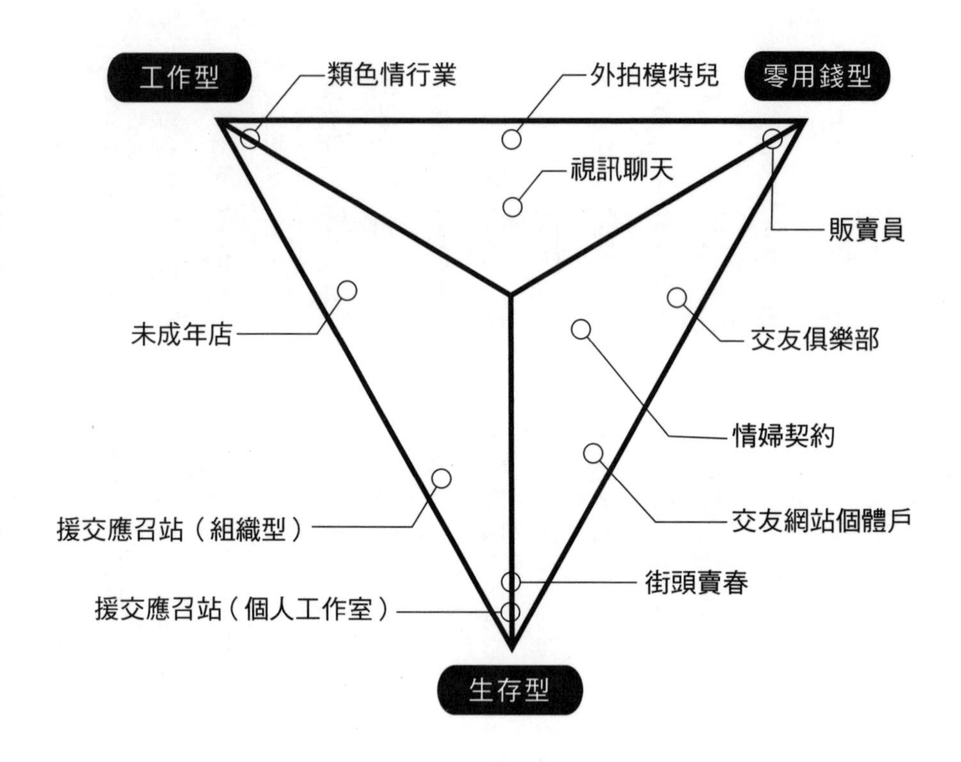
工作型
類色情行業
外拍模特兒
零用錢型
視訊聊天
販賣員
未成年店
交友俱樂部
情婦契約
援交應召站（組織型）
交友網站個體戶
街頭賣春
援交應召站（個人工作室）
生存型

▶援交應召站（個人工作室）

利用交友網站招募客人的賣春組織，本書之前反覆提到。所謂個人工作室，指的是「男朋友經營」「情侶經營」「地區同齡者經營」等情況。主要活動區域是郊外或地方的中心城市外緣，大多屬於生存型，其中也摻雜了零用錢型。但是固定接客是很辛苦的工作，所以很難長期經營。

▶街頭賣春

少女坐在鬧區街頭或是紅燈區的深夜營業餐飲店（例如麥當勞等），等待買春客搭訕。容易遇上警察輔導，經濟情況也最差。可能在街頭遇上性工作關係者，因而走進性產業。

▶援交應召站（組織型）

旗下有好幾個應召站的援交應召站。東京都二十三區等大都市嚴格取締未成年賣春，因此主要活動區域為大都市的郊區。有些應召站會準備未成年少女也能隱瞞年齡居住的宿舍，同時也會規定最低出勤天數、禁止外出，以及不得在路上吸菸等，管理較為嚴格。經濟狀況多少優於個人工作室，主要為生存型。

▶交友網站個體戶（出会い系フリー；deaikeifuri-）

少女個人利用交友網站、LINE 及 SNS 等工具賣春。由於並非組織攬客，收入少且不穩定。可以自行準備通訊工具這點，明顯表示經濟情況優於街頭賣春。

▶情婦契約（愛人契約；aijinkeiyaku）

和交友網站個體戶一樣單獨進行賣春；不同處則是定期和同一男性見面。日文俗稱「定期」。有些少女是在援交應召站或街頭賣春時找到對象，經濟狀況較為穩定。

▶交友俱樂部

男女在「店面」見面的色情交易方式。通常是少女偽裝為成年女性，進入在大都會經營的「交友俱樂部」，在此尋找賣春的對象。由於活動地點固定，容易遭到警察抓去輔導。所得不如援交應召站高，因此屬性算零用錢型。

▶販賣員

自行在網路免費留言板經常出現的「販賣員留言板」留言，販賣穿過的內衣、襪子、學校用品（例如體育課的泳衣和室內鞋），以及分泌物垃圾（例如唾液、尿液、陰毛及用過的衛生用品），屬於銷售物品的援助交際。銷售方式分為郵寄與「面交當場脫」，後者往往會看顧客的情況而延伸為「微賣春」（例如用手或嘴的半套、觸碰身體、在對方面前自慰或觀看對方自慰）、拍攝全裸照或做全套。由於顧客人數少，不算是生存型，最多只能說是零用錢型。

▶外拍模特兒（個撮モデル；osatumoderu）

外拍模特兒和販賣員一樣，自己在網路上的「個人攝影模特兒留言板」留言，表示願意在卡拉 OK 包廂或飯店，拍全裸照和外景攝影。認為自己「足以接受拍攝」，工作意識高於販賣員。不過還是會看對方狀況，決定是否進行性交易。相較於生存型，由於顧客人數少，屬於零用錢型。在攝影棚舉辦個人攝影會的業者和推出未成年模特兒拍攝半裸影片的「寫真影片（IV = image video）公司」，則是屬於另一個業界，與外拍模特兒的型態完全不同。寫真影片公司通常是和模特兒的父母簽約，與父母的貧困緊密相關。

▶視訊聊天（チャトレ；cyatore）

女性受僱於網路會員制聊天室，與付費男性會員聊天和提供性服務。服務經由網路，營業地點不拘。廠商會租用警察較不易注意的鄉下空屋或日租套房當作工作室，僱用包含未成年少女的員工，透過網路傳送影像。和顧客一對一聊天時，會因為無法在性器官上打馬賽克而觸法。雖然有宿舍這一點很吸引生存型少女，但外貌條件與獲得顧客注目點擊所需的互動技巧，則具備工作型的性質。

▶未成年店

位於郊外的色情行業，明知小姐未成年也會僱用，例如應召站、半套店、性感陪酒，以及摸奶吧等。但是這類店家不是專門提供未成年少女的性服務，只是成年女性員工當中混雜了未成年少女。由於是和同事同居或是附宿舍，而且宿舍的年齡確認制度比僱用更加嚴格，對於生存型少女來說是轉型為工作型的入口。

▶類色情行業（亜風俗店；ahuuzokuten）

我為了方便命名而用了「色情行業」一詞，基本上從女高中生按摩（JK リフレ；JKrihure）和女高中生散步（JK お散步；JKosannpo）等「秋葉原型類色情行業」，到女孩吧（ガールズバー；ga-ruzuba-）[32] 與未成年酒店（ミテコキャバ；mitekokyaba）[33] 等餐飲業，都屬於這類，算是灰色地帶。店家管理嚴格，不會僱用流落街頭的少女；在此工作的少女也把這份工作當作「將來進入特種行業的修行」，算是非生存型的工作型態。

32 - 女孩吧：女性擔任酒保的店。

33 - 未成年酒店：小姐都未成年的酒店。

如何看見埋沒於性工作底層的「最貧困少女」

上述的性產業全部屬於少女的性工作，俯瞰彙整的結果也許是「援交少女和其他情況類似的少女」。然而透過說明，可以發現每個人的情況與背景截然不同。

藉由此分類還可以發現另一項明顯的傾向——屬性愈接近生存型，性工作的型態愈接近賣春。原因非常清楚明白——愈是貧困匱乏，愈是短時間需要大量金錢。再三提醒各位讀者，逃家少女想要得到不會被警察抓去輔導、可以安心休息的住處，是必須花錢的。三餐外食；衣服穿破了則是買新衣服，而非洗衣服。她們的生活情況和位於三角形上方不用花錢就有房子住的少女，根本是天壤之別。

另一方面，屬性愈是接近工作型，少女愈是深入性「產業」。零用錢型導致整體情況模糊，不免會希望她們「如果只是玩玩，請就此住手」。然而，零用錢型少女就算經濟狀況尚可，往往也符合「三種障礙」，不能單純批判。我不知道這算不算正確的譬喻，不過工作型像是農業社會，生存型類似狩獵採集社會，零用錢型則是不知如何比喻……

其實我會開始思索分類的契機，是去採訪從事類色情行業的工作型少女時。當時，女高中生按摩和女高中生散步等秋葉原型類色情行業逐漸受到取締，報導經常提及：「女高中生按摩和散步等行業是援助交際的溫床。」「店家提供祕密服務，可以做全套。」「少女瞞著店家，偷偷與顧客進行性交易。」但是，當我採訪念東京都函授學校的十七歲少女時，對方卻對此一笑置之。

「聽到有女生藉由散步來賣春，我超生氣的。我知道一定有，但是要不要做是個人自由。會做的人只是沒想到不可以給店家添麻煩而已。我其實想去女孩吧工作，可是最近東京都的女孩吧確認年齡很嚴格，晚上的工作又會影響課業。我打算一畢業就去酒店工作，所以去女孩吧是去酒店工作前的練習，也就是如何不賣身又能利用女性魅力賺錢的練習。秋葉原的地下偶像也是一樣啊！她們吸引粉絲也是靠女性的魅力，怎麼化妝、怎麼講話、什麼樣的動作才能討男生歡心……大家都很努力研究。為了吸引粉絲，就算是不符合自己品味的打扮也會做。我當然知道也有女生不是這樣，那種不是為了金錢，只是想要有人注意的女生。她們會自己主動說要外拍，或是用周邊商品吸引男人。用販賣員的招數吸引顧客也許很輕鬆，但那絕對不是店家暗地提供的服務，而是女生自己的手段。按摩跟散步原本就賺不了多少，比較像是隨意出勤的打工，沒有人想做這份工想到要提供祕密服務。該怎麼說呢？這行比較像是一種奉獻。來秋葉原的男人明顯都是『性方面很寂寞的人』不是嗎？我們提供的是對這種男人的奉獻，有點像是看護。其實我畢業之後想要一邊去酒店上班，然後去做奉獻型還是社福類的工作。」

少女對於工作的想法之深，令我大吃一驚，而在鄉下的未成年應召站工作的少女們，也曾經對我說過類似的話。她們把自己的身體和性別當作資源的想法，其實很像工匠。如果換成男性，就是工地的師傅。可能是因為想法相近，她們喜歡的男性類型往往也是「有點兒又帥氣的工地師傅」。

其實，少女從事性工作的理由與職種分類，也能套用在成年女性的性工作者身上。成年女性可以自行登錄交友網站[34]，所以「交友網站個體戶」和「援交應召站」的定位也許不太一樣。不過，所謂「不做全套、薪水高」的工作屬於工作型，賣春的工作則分屬生存型和零用錢型。

我認為必須先看見埋沒在性工作中的「最貧困女子」，方能進行有意義的討論。下一章則是提供便於進行討論的資料，說明最貧困少女與最貧困女子所需要的救濟。

34 有些交友網站會限制用戶的年齡。

五

彼女らの求めるもの

最貧困女子的需求

自爆恋愛を避ける、恋活のシステム化

避免自爆型戀愛，將戀愛方法系統化

総括

總結

加賀麻衣（二十一歲）的例子

我要再次重申，本書將制度的問題與具體的協助方式，留給各位專家學者討論。我的工作是藉由描述原本世人看不見的最貧困女子和少女的生活情況、其生活情況難以理解的程度，以及心靈痛苦的程度，提出受訪的「當事人需求」。雖然我不知道是否可以為貧困的人排順序，但是我想從「最貧困少女」成為「最難以獲得協助者」的例子開始說明。

「還插不進去啊？」

這句話是加賀麻衣（二十一歲，假名）念小學五年級時，媽媽的男友在被窩裡對她強暴未遂時所說的話，現在這句話被麻衣拿來當笑話講。對於經常隱瞞過去受到性侵虐待的少女而言，麻衣算是與眾不同。

麻衣出生於一九九〇年，家鄉是某個地區的中心都市。她還有大她三歲的哥哥和小她兩歲的弟弟，但是完全不清楚關於生父的一切。上小學之前與母親在母親的眾多男友家之間流浪，從六歲起住進媽媽的「第一個男朋友」阿隆家。儘管如此，每次母親交到新男友，便把哥哥和弟弟留在阿隆家，帶著麻衣去新男友家。過沒幾個月，又和麻衣回到阿隆家，不斷重複一樣的過程。

麻衣和媽媽去新男友家時，都沒去小學上課。離家出走的期間不是待在新男友家，就是遭到母親嫌她礙事，給了錢便把她丟在大賣場或是遊樂中心。所以麻衣是所謂「短期中輟的行蹤不明兒童」——雖然有住民票卻一年以上行蹤不明，也無法確認是否就學的國中小學生。

「我念小學時，在班上超特殊的。朋友都會問我：『這次又去哪裡啦？』大家都超怕我媽的。現在是比較好了，小時候媽媽真的超可怕的。帶朋友回家玩的時候，媽媽會露出跟妖怪一樣的表情尖叫：『我要殺了你們這些小鬼！』我跟弟弟在家裡，也曾經因為媽媽用頸部粉碎墜擊（職業摔角的招式）揍我們而昏倒。有一次媽媽對我朋友這麼做，結果人家爸媽還叫了警察來。媽媽在我們那邊已經是傳奇人物了。」

母親的第一個男友阿隆，算是麻衣和兄弟的養父。阿隆年紀大麻衣母親十歲，實際從事的工作不明。自稱以前混過黑道，雙手雙腳滿是刺青。他常常在家，看到麻衣母親對麻衣等人施暴時，也會以暴力相對。那句「還插不進去啊？」就是阿隆對麻衣說的。

麻衣念國中二年級時，已經會自行蹺課。大她三歲的哥哥國中畢業之後，一邊去格鬥技道場修練，同時也去阿隆介紹的鷹架公司（建造建築物和塗裝外牆時負責搭建鷹架的廠商）工作。麻衣一整年跟著哥哥一起在阿隆家與哥哥朋友家流浪，一邊去道場專心練習格鬥技。她中間也曾經跟男友同居，卻不到半年就因為一點口角而互毆，最後以華麗的迴旋踢打敗對方後逃走。

母親當皮條客，勸女兒賣春

「那個男朋友也是道場的人，所以我只能離開道場，回到阿隆家。嗯，他是跟我做了。不過我覺得沒差，他也有給我錢。但是那陣子剛好是跟媽媽吵最兇的時期。我正好在叛逆期，媽媽看到我有錢就來問我：『妳為什麼有錢？』媽媽那時候搞壞身體，待在阿隆家。她明明沒練過格鬥技，可是超強的。每次跟我打架都是來真的，我輸了好幾次，錢也被媽媽搶走。我說：『是跟阿隆做了拿到的錢。』媽媽聽了就說：『原來妳有在賣（春）啊？有賣就跟我說啊！我幫妳介紹客人。』實際上，媽媽也曾經帶男人來。不過那時候我沒做。我因為媽媽帶男人來而真的火起來，想說總有一天非打贏這女人不可，還趁她睡覺的時候掐她脖子什麼的。最後終於是我贏，還讓媽媽對我下跪。從此之後，媽媽的態度就一百八十度大轉變，還說什麼『不愧是我女兒』之類的，真是超噁心的。不過我也一直沒找到工作，結果還是透過媽媽介紹，去R市（阿隆家隔壁的城市）她朋友開的酒吧打工，條件是不喝酒。那時是國三的夏天。我後來有去一下學校，但只是中午去，沒上課就回家了。」

麻衣之後的人生正如各位所想像，十六歲時和酒吧的客人（三十二歲）交往同居，被酒吧媽媽桑責備而逃家。逃家之前，媽媽常常隨意拿走她的錢，錢包裡的錢也總是被偷走。離家之後，在哥哥女友的朋友介紹之下，前往K市（家附近的中心城市）從事援交應召站的工作，卻因對客人迴旋踢等暴力事件而再次逃走，成為業界通緝的人物。從事援交應召時認識的客人住在M市（隔壁縣的中心城市），於是她逃進對方家，矇混年齡，開始當應召女郎。

那一年麻衣十七歲，經歷第一次懷孕和生產。但是親生女兒斷奶時，她卻回到了阿隆家。理由是住在M市的男人外遇。當然她又再度使出迴旋踢，踢飛對方後離家。回到阿隆家之後，她一邊在當地的俱樂部工作，一邊兼差當應召女郎。我採訪麻衣（二十一歲）時，她才剛和新男友同居沒多久。女兒留在前男友家，由前男友的母親扶養。

「我現在的生活穩定了，想把女兒接回來，可是對方不讓我們見面。女兒在法律上算是我的小孩對吧？我跟那個男人又沒有登記。那傢伙沒有錢，一定是我來扶養比較好。可是他們卻不把小孩還我，我覺得很奇怪。其實我弟弟現在在混黑道，可是我一說我弟弟是黑道，他們卻說：『不能讓小孩去當黑道的外甥女！』我在想，我要用蠻力搶回來，但這樣會被說是綁架兒童嗎？」

將來陷入貧困的可能性

麻衣在我的受訪者當中，也算是頂尖的「不知道該拿她怎麼辦」的女性。她接受採訪時的月薪是俱樂部加上應召站的收入，一共四十萬日圓（約新臺幣十二萬元）以上；同居的男友擔任牛郎店的幹部，兩人月薪合計將近一百萬日圓。麻衣每個月會從中拿出十萬日圓，寄給母親和阿隆。兩人的經濟狀況絕對稱不上貧困。麻衣工作的應召站網站首頁上，大幅地刊登了她的照片。是的，麻衣也和母親一樣，擁有誰看了都會說是美女的美貌。

相信大部分的人看到現在的麻衣，再聽到她的過去，都會覺得：「雖然很可憐，可是現在幸福不就好了嗎？」「這種人就不用管了！」但是，她也和她的母親一樣，將來可能陷入貧困的狀態，甚至可能連她的孩子也一起陷入貧困；把孩子帶回來，也可能會虐待小孩。畢竟麻衣是個一發生什麼事就可能會動手的人。

接受採訪時，麻衣的手指做了如同寶石般美麗的美甲，清澈的天藍色和如同夕陽般的紅色形成細緻的漸層，漸層中畫上閃耀的星星，宛如沙漠的黃昏與傍晚探出頭的第一顆星星。如此美麗的圖案居然是她自己畫的。

麻衣乾脆地回答：「你說光療指甲嗎？紫外線光療燈一個才二千，看美甲師做了幾次就記起來了。右手怎麼辦？右手做得到的事，左手當然也做得到啊？」

麻衣的手應該很巧，也有藝術的品味。但是這雙美麗的手卻也會揍人。至今的戀愛幾乎都是用迴旋踢畫下句點，她本人也很頭痛自己為何如此衝動。現在的戀愛可能會因為盛怒之下的飛踢結束，現在的工作也可能會因為相同的理由離職。但是她就是無法壓抑自己的衝動。

「媽媽這個人就是這樣，我現在是一半想殺了她，一半原諒她了。畢竟我跟媽媽很像。小時候雖然很辛苦，但現在覺得沒關係了。畢竟我就是這樣養大的，所以才有現在的我，至少我比同年紀的人都賺得多。但是暴力會遺傳對吧？所以我恨媽媽這點。為什麼老是這麼衝動呢？」

事情真的是這樣嗎？這樣真的好嗎？

對於麻衣而言，過去就讓它過去一定有其必要。但是，過去的她應該要有人來幫助。因為沒有人幫忙，於是她成為誰都難以幫助的人。她的母親應該也是類似的情況。

我會舉麻衣的例子是有原因的。先不管她怎麼想，當她還是小孩的時候，社會福利行政機關應該發現和庇護她。想到社會福利行政機關發現問題兒童的機率居然如此之低，便教人嘆息。童年時，每當她和母親去了新男友家，便沒去上學，至少當時的小學老師也應當要發現她沒來上課。老師可不能說沒發現學生蹺課。此外，麻衣說：「小時候沒打過預防針。」等到自己生了小孩，聽到醫生說零歲時要接受預防接種，才發現：「預防接種是什麼？我沒打過！」沒帶小孩去打預防針，不能說是棄養，但是如果學校老師以及當地的社會福利行政與醫療機關聯繫得當，應該可以發現麻衣的成長環境有問題。

麻衣的養父阿隆，的確雙手雙腳滿是刺青，母親又是當地小孩都害怕的易怒歐巴桑。老師和兒福社工並沒有接受過訓練，不知道如何應付這類雙親。我想他們應該很害怕，也不清楚自已可以介入家庭到什麼程度。政府應該為此訂定「積極介入」的指南。

雖然我有滿肚子想說的話，但是學者已經大幅討論應當如何積極介入與協助虐待兒童的家庭，本書便不再贅述。

最大的問題在於，現況是以「有這種應召女郎」的方式來介紹麻衣。看在其他性工作者眼裡，可能會引發批評：「我們這行不是只有這種女人！」「不要刻意報導可能會妨礙性工作討論的例子！」

麻衣從事性工作和遭到虐待，的確都是世代傳承，將來也可能成為貧困女子。她原本是受害者，將來可能成為加害者。但是如果逃避麻衣的例子，便無法進行有意義的討論。

倘若能在她們小學時代伸出援手……

讓我們重新確認少女們所需的幫助。

首先少女們需要的是在逃家之前，或在從事地區性同齡少女社群建立的性工作之前，獲得救濟。所謂的地區性同齡社群中，不是所有少女皆出身貧寒或都是受虐兒。透過大量的採訪，我可以斬釘截鐵地表示——「少女的共通點不是貧困，而是『寂寞』。」現代社會充斥單親家庭與雙薪家庭，「回到家之後沒人在，也沒有東西可以吃」的情況逐漸普遍。對於小孩而言，這種生活型態當然很寂寞。

因此，首要之務無庸置疑，是針對單親家庭進行經濟補助。單親家庭的家長經常是非正式員工，必須同時從事兩份工作來養家。經濟寬裕才能增加和小孩相處的時間。無須我贅言，忙於工作往往是虐待和棄養的主因。我認為小孩心中的寂寞，多少可以靠制度加以彌補。

另一項協助則是「提供去處」。例如日本政府提供「學童保育」（編按：又稱保育班）[35]，讓放學後的小學生有地方可去。奇怪的是，日本明明是少子化的社會，各地的學童保育卻紛紛爆滿。保育班的主要對象是小學低年級的學生，使得小學四年級以上的學生失去放學後的去處。此外，許多保育班限時到傍晚五點，又不提供晚餐，僅有下午的點心。結果，父母晚上必須工作的孩子，在離開保育班之後還是一樣寂寞。

我在採訪時，曾經遇到很值得省思的意見。受訪者中不乏小學時去過保育班的少女。等到上了小學高年級，她們往往覺得：

「保育班煩死了！」

她們會覺得保育班很煩，也是有其原因——保育班會點名和寫家庭聯絡簿，沒去保育班又會被質問跑去哪裡；另一點則是「沒有電動可以打」。對於高年級的學生而言，聽老師唸故事是「小鬼做的無聊事」。就算想跟同年的朋友玩，低年級的孩子也會跑來礙事。有錢去上補習班的同學則不再去保育班。少

35 學童保育：類似臺灣的公立安親班。

女表示最後覺得去保育班很蠢，於是就不去了。

但是她心目中理想的學童保育，又是什麼樣子呢？回答倒是非常明確。

「下課了就跟朋友玩，等到傍晚或晚上肚子餓了再去保育班吃飯，然後打電動和看電視到爸媽來接。還有爸媽發飆（虐待）的時候，如果很晚也能去保育班避難或是住一晚就更棒了。我小三的時候有一次被爸媽趕出來，結果去保育班的時候發現已經關門了。我到現在都還覺得如果晚上也開著就好了。」

雖然我們無法實現少女所有的願望，但是少女的心聲中卻隱含了許多線索。

目前的保育班對於兒童來說，待起來並不舒服，就跟「私人安全網比制度安全網更好用」的性工作相關產業一樣。如果學童保育不是受託管理兒童，而是提升兒童生活品質的庇護所，並增加服務，情況應該會大幅改變。

如果保育班改成像少女所說的，可以傍晚再來，提供餐點；

不點名，也不強制管理兒童，便能大幅降低父母的負擔。出現值得利用的庇護所，貧困與虐待等家庭問題便能浮現；也能早日發現親子必須分開的情況，避免悲劇發生。

我要再三強調，我不過是一個小記者，沒有任何相關的素養；專家學者也早已多番討論過相關問題。然而身為需要救濟的當事人，也就是少女本人，而且還是反覆犯罪的逃家賣春少女本人說出：「要是有更好的學童保育就好了。」相信專家學者也十分驚訝吧？

地區性的同齡少女社群等這類不安定的組織之所以會出現，就是因為現今的制度有缺陷，進而造成小學生接觸性工作的奇怪情況。增加和改善現在便已經存在的學童保育，相信會比訂定如何補助單親家庭等巨大課題更容易達成。

學童保育不過是其中一個例子，最重要的是了解「少女想要什麼和需要什麼」。

其他需要改善的，還有跟兒童相處時間最久的小學老師該如何與兒童委員、兒童商量所的職員聯繫；如何提升三者的專業素養；如何修正兒少安置教養機構與養父母制度等等。由於討論範圍廣泛，這類論述還是交由專家處理。

未成年少女從事性工作之後……

下一步是，在未成年少女走進性產業之後提供協助。僱用十八歲以下的少女從事特種行業原本就違法，所以「生存型」的少女才會選擇性工作。這是因為「街頭援助人士」提供了少女方便的私人安全網，本書已經就此事詳細說明。而我採訪了許多傭用未成年少女的援交應召站和透過賣春擺脫街友生活的少女之後，得到的結論也是「必須禁止未成年少女從事生存型性工作」。

受訪的援交應召站中，有的廠商會在待命的休旅車裡，準備

「盒裝一百根 wettrust」和「水貨的利多卡因」。wettrust 是棒狀的潤滑劑，利多卡因是可以用於性器官的局部麻醉劑。有些賣春少女則會把K他命當作局部麻醉劑，或是把喜歡的潤滑劑放在可愛的化妝包裡隨身攜帶。儘管如此，她們的性器官還是會常常出血，或是必須常常更換棉條與衛生棉。罹患性病的風險也如影隨形。受訪的少女中，甚至有人喃喃低語：「我應該沒辦法生小孩了吧？」

用麻醉劑麻痺性器官，用潤滑劑方便客人插入——性器官之於她們只是「工具」。

我實在無法苟同這種做法，也無法接受把未成年少女的性器官當作工具的生意。就算少女本身是懷抱「工作型」的敬業心態，主動從事性工作，但每天賣春還是不人道的行為。

這種情況究竟該如何改善呢？我想還是必須思考當事人究竟需要什麼。對於流落街頭的少女而言，最重要的是無論何時都不會害怕，也無須擔心失去自由，「可以安心休息的地點」，就算只是暫時的休息地點也好。這就是她們唯一的需求。她們不需要多餘的指導與質問，甚至不想要商量，只是希望可以安靜自由地休息。這便是我從逃家少女口中聽到的最大期盼。

既然如此，逃家少女需要性工作相關人士以外的援助，而且是來自民間的援助。例如，增加現在家暴與人口販賣被害者所使用的庇護所，讓未成年少女也能使用，並進一步打造為「少女也想利用的設施」。

目前的庇護所都有外出的限制與門禁，還會沒收手機。我希望可以盡量排除少女使用時的限制，這種臨機應變也只有民間設施才做得到。少女待在可以短期留宿的庇護所休息，由具備專業素養的社工介入虐待等家庭問題（當然必須等到本人恢復），輔導少女自力更生。

本書再三提及，許多逃家少女之所以和家鄉的兒童商量所、警察等公部門敵對，在於公部門的基本理念僅限於「把少女送回父母身邊」「既然親子關係出現問題，就來修復親子關係」。

他們的選擇當中，沒有「少女自力更生」這個項目。然而，少女的目標正是自力更生，需要的是即使和父母對抗也要自力更生的援助。這正是援助少女時最重要的工作。

採訪眾多逃家少女後，我發現她們經常在心中衡量「自由與風險」。想要逃離惡劣的雙親，便必須進入性產業。每天賣春雖然痛苦，卻比原本的生活自由。她們不斷挑戰自己忍耐痛苦的極限，緩緩消磨心靈，最後陷入無法擺脫的貧困之中。對於她們而言，「奪走自由的援助」畢竟還是不舒服。民間機構該做的還是「提供少女想要利用的援助」。

另一方面，現代流行的「賣春少女也應該受罰」一說，沒有意義也缺乏對少女的了解，不值得討論。但是我希望至少警察或是輔導員抓到少女時，能成為改變少女人生的「機會」。儘管少女想要擺脫當地社會福利行政機關的控管，因此對她們來說，接受輔導是最糟糕的狀況，卻也是她們唯一再次接觸公家制度的機會。如同前述，公家機關抓到少女時的處理方式，總是「聯絡當地的兒童商量所→送回監護人身邊」。倘若少女曾經反覆接受輔導，或犯下竊盜與傷害等其他罪行，甚至壓榨其他少女，則可能遣送少年輔育院或少年及家事法院。結果導致少女更加遠離社會，受到孤立，她們所懷抱的痛苦與貧困更無法受到注意。

儘管她們是難以控制的非行少女，但根本上還是受害人。倘若不慢慢改善冰冷僵硬的方針，眾人再怎麼努力也無法拯救少女。

讓性工作成為「正式的工作」

雖然這不過是其中一個例子，但我對於未成年少女的需求和協助的提案，到此告一段落。至於過了十八歲生日的逃家少女和因為貧困而走進性工作的成年女性，她們的需求又是什麼呢？

提及此事，無法避免的苦肉計便是「性工作除罪化、正常化及社會化」。

本書反覆提及性工作周遭具備私人安全網，性工作的相關人士與從事性工作的女性容易親近她們。雖然我期望女性的貧困可以透過制度解決，但現行制度實在難以提供舒適、靈活、勝過私人安全網的協助。

然而，私人安全網的最大問題在於，雖然符合「女性的需求」，卻是不完全也不健全的援助。既然女性追求的私人安全網如此不完全，解決問題的方法就是將性工作正常化。

我想在此提出符合性工作女性需求的建議，包括難以實現的需求。

第一項是，針對不提供全套的色情行業，提升其周遭負責提供私人安全網，也就是「街頭援助者」的品質。例如，酒店經紀人跟女性之間必須締結明確的契約；酒店經紀公司也必須根據目前的工作內容，提出人才派遣公司的申請，正式僱用目前只是上繳抽成費用的經紀人；色情行業的店家和酒店經紀公司，則遵守明確的合約，保護女性的權利。

此外，色情行業目前並未訂定適當的價格，沒有規範保障女性工作的基本薪資，也是一件奇怪的事。性工作絕非輕鬆的肉體勞動，應該要訂定符合工作內容的最低薪資。例如，每星期上班五天的話，應該要保障勞工「可以維持具備文化品質的基本生活」。可以賺取生活所需金錢的才算是「工作」。訂定了基本工資，色情行業的業者才可以根據各種經費而計算出適當的價格，酒店經紀公司也能計算出適當的派遣工資。目前紅牌小姐的營業額就是業者的營業額，並未均分到其他生意比較差的小姐身上。色情行業的確是賺多賺少都是個人問題的世界。但是如果就此不管，性工作永遠只是地下工作和違法行業，酒店經紀公司則是買賣年輕女性的組織，色情行業也無法擺脫目前的情況。

性工作社會化後，從事性工作的女性才能獲得社會保障。日前日本政府規定從二〇一七年度起，建築營造業界必須為所有員工，包括雜工，投保年金與健康保險。雇主紛紛表示：「這樣會賠錢！」員工也抱怨：「害我的薪水得多扣一筆年金跟健保，政府真是愛管閒事！」受訪的性工作者也多半抱持「反對社會保障，重視實領薪資」的想法。然而，性產業畢竟不同於原本就決定好預算的建築營造產業，有機會「提升為適當的價格」，漲價也應該由購買性服務的男性負擔。如果訂定適當價格時，連健保等費用都一併考量，員工也不會發出不滿的聲音。

另一方面，許多從事性工作的女性，都排斥生硬又冰冷的社會福利制度與機關，所以改由酒店經紀公司或是色情行業業者，和社工人士訂定顧問契約即可。幸運的是，色情行業的相關產業中，包括申請營業許可的代書，可以幫助生活窮困的女性申請生活扶助金，也能幫助沒有健保的人申請健保。十年前曾經出現性工作者所組成的工會「色情自由業UNION」（之後消息不明），其雇員自行提供的援助，應該可以協助生活近乎街友的女性進行各種行政手續，例如搬家、轉移住民票及育兒等等。換句話說，色情行業的工會也能成為綜合服務窗口。

此外，色情行業其實具備不明確的「年齡限制」。必須設立離開性產業後轉換至其他產業的指南和自助組織，否則只會造成大量的性工作者在中高年時陷入貧困。想要訂定轉換工作指南，從事性工作的女性必須先正式受人僱用才行。由於經濟貧困而進入性產業，之後卻「落跑了」或「行蹤不明」，代表性產業還是處於灰色地帶。

性產業的社會化有利也有弊

洋洋灑灑寫了這麼多好聽話，其實已經有許多人討論過性產業社會化，結果目前正陷於無法跨越高牆的膠著狀態。第一道高牆是，日本的色情行業由《風適法》（規範色情行業與其業務合理化的法律）規範，屬於合法產業；斡旋女性從事色情行業，也就是所謂的「酒店經紀人」，在《職業安定法》的規範之下，卻屬於違法行為。站在《職業安定法》的角度，色情行業屬於「不良工作」。法律上的矛盾使得討論變得十分複雜。

此外，想讓性產業常態化，必須先訂定規範——保護勞工人權、遵守相關法令和安全衛生規則，使得性產業的「業務」合理化。然而，《風適法》的立法前提在於「規範原本就下流猥褻的色情行業」，因此，要以《風適法》為基礎，訂定修正色情行業的規範非常困難。現行的色情行業並非許可制，而是事後報告制。因此缺乏審查與「不得設立的理由」。這是否代表原本就下流猥褻的色情行業必須規範，而非需要管理與監督呢？正因如此，才會導致女性必須在惡劣的環境下勞動，形成無法無天的狀態，讓「性服務」簡直是「性被害」。上述的性產業社會化論述，在現行法律的面前毫無意義。如果性產業一直被視為違反社會規範的工作，當然無法進行任何正面積極的討論。

另一方面，性產業社會化當然有利也有弊。訂立法規使得性產業正常化，提升性工作者的社會地位與提供勞工保障；同時也促使「性工作者必須遵守法律，正當納稅」。這種時候會產生兩種殘酷的結果。

扣除健保與稅金之後，對於薪水還得以應付生活的女性——意即外貌、身材及精神的安定程度達到標準的女性來說，性工作社會化是沒有問題；但是本書再三描述的最低層性工作者，也就是最貧困女子又會如何呢？符合「三種無緣」與「三種障礙」的女性又會如何呢？這種時候她們一定會遭到解僱。

就算設定了適當的價格，所謂的基準也是「符合僱用標準的女性」。基本上，性工作不可能以幾乎賺不了錢的女性為基準，因此目前勉強在色情工作底層掙扎的女性，在性工作社會化之後可能淪落到得去賣春。

然而，最大的問題還是賣春本身。如果以性工作社會化為目標的人士，認同賣春是一件違法的事，那麼好不容易才開始的社會化運動也可能付諸流水。倘若性工作者跟賣春者「不想混為一談」，賣春者的貧困狀態可能更無法為人所見。

重建性工作者與支援人士的關係

性產業的問題十分嚴重，無法簡單解決。然而，儘管明知將性工作社會化是最後手段，但我還是覺得，必須提出性工作的社會化，是因為目前官方與民間的支援制度都無法接觸淪落至性工作最底層的「最貧困女子」。

性工作如果依舊是「近乎犯罪」的職業，仍舊無法獲得正視，女性從事性工作便會被視為「作惡」，眾人對於性工作的偏見、歧視及敵意也無法消除。這跟造成從小在貧困與虐待中成長的少女「與制度無緣」的原因相同，從事性工作的貧困女子也會因此排斥援助的制度。

例如之前提到的麻衣，她的母親原本是關西人，國中畢業之後去陪酒，也曾經在大阪的紅燈區飛田新地當過泡泡浴女郎。換句話說，麻衣是所謂的性工作者二代。援助她的人如果覺得「色情行業是壞事」，麻衣會做如是想呢？否定性工作就是否定她現在的人生，甚至是否定她的母親。她當然會排斥援助自己的社會制度。

原本就已經存在的女性主義型婦女團體又是如何呢？她們似乎聽取了許多從事性工作女性的心聲。然而，她們聽到的心聲多半是「工作時受到傷害」與「受到性壓榨」，這是否表示她們原本就否定性工作呢？「工作型」的性工作者就算陷入貧困，也絕對不會接觸將性工作定位為惡的支援團體。之前提及的未成年逃家少女住進庇護所的方案，少女也會因為援助者全面否定性工作而不願接近。

然而，倘若性工作得以社會化，援助團體也能稍微改變對性工作的想法，便能出現各種改變現況的希望。例如，酒店經紀人找上未成年少女時，就算發現對方受過虐待和家境清寒，卻不知道要找誰商量，只好忽視或壓榨。各個地方政府訂定法令，嚴格規範酒店經紀人，因此，找上未成年少女對於經紀人本身就已經是充滿風險的行為，遇上問題當然也無法商量。我曾經聽過酒店經紀人把少女介紹給社長等高收入的男性，還為少女準備住處的例子。經紀人藉此向社長收取了五十萬日圓（約新臺幣十五萬元）。這種介紹只是單純的「人口買賣」，必須嚴懲。

但是如果性工作社會化，援助團體也改變意識，酒店經紀人發現這類少女和女性時，便能聯絡專門的援助人士。我的理想是，可以靠性工作維生的女性，在酒店經紀人的仲介下進入色情行業，並獲得適當的協助；無法靠性工作維生而窮困潦倒的女性和在街頭遊蕩的少女，則聯絡支援團體。

援助團體也必須對性工作有一定程度的了解，才可能接觸到無法靠性工作維生，卻又無法擺脫性工作而陷入貧困的女性，或是因障礙而被迫在惡劣環境下工作的女性。援助團體必須改變意識，才能看見最貧困女子的痛苦。

然而，現實卻與理想相距十萬八千里遠。酒店經紀人與援助團體近乎是敵對關係，前者甚至遭後者視為「壓榨當事人的大壞人」。不打破目前的狀況，不會出現任何改變。

只要性工作依舊處於灰色地帶，不僅會讓從事性工作的女性認為「自己在陰暗的角落，從事眾人討厭的工作」，感到無謂痛苦，也會讓淪落至性工作底層的最貧困女子更不為人所見。

想要牽起性工作者與支援團體的連結，必須先階段性地將性工作社會化。倘若無法改革制度，至少必須促進性產業的經營者改變意識，好和已經存在的女性支援團體面對面，討論如何改變性產業。

討論戀愛方法的必要性

最後我抱著會遭到眾人批判的覺悟，提出一項建議——希望從事性工作的當事人與支援團體，嘗試「將戀愛方法系統化」。儘管這項提議在眾多嚴肅話題中聽來廉價，我卻是認真希望大家思考這項議題。

女性主義者在討論女性貧困的問題時，不斷否定女性對於戀愛的依存與相互依存──依存與相互依存是家暴的溫床，戀愛至上主義更是不幸的開始；女性的自立是不再仰賴男性，透過職業訓練和經濟獨立而活；暴力和虐待無法藉由戀愛所得到的認同來解決；這世上沒有白馬王子，所以女性要投資自己，所以女性要努力自己肯定自己！女性主義至今的做法是不斷地賦權。肯定戀愛似乎否定了之前提及的性工作正常化。

然而，戀愛對於從事性工作的最貧困女子而言，卻也是十分切身的話題。因為她們都十分渴求戀愛。她們渴望戀愛和婚姻，並不是為了獲得男性扶養，也不是期盼成為家庭主婦；只是單純深深受到戀愛的吸引。究竟這是為什麼呢？

其實，受訪的逃家少女很少之後持續與我聯絡，其中會持續與我聯絡好幾年的特徵在於，和可以長期交往的「好男友」同居，或是結婚與生產。為什麼走進愛情與婚姻的逃家少女，才能長期與我聯絡呢？其實道理很簡單，如同逃亡般的街友少女斷絕了和社會福利制度與機關的關係。找到可以同居的男友，並未轉移放在老家的住民票；住在都市裡不需要駕照，需要健保則付錢向認識的人借健保卡；從事色情行業不需要申報，也不需要繳稅……少女之所以從無根的浮萍半強迫恢復和社會福利制度與機關的連結，在於結婚、登記、生產去看婦產科，以及給小孩報戶口等時機。

逃家少女往往非常渴望戀愛，比起缺乏愛情與肌膚接觸，也許是本能發現「戀愛或結婚成功的話，便能擺脫目前的狀況」。我覺得這並非經濟方面的依賴，而是在孤立無援一如戰場的日常生活中，避免危險的行動。

因此討論解決方法時，還是無法避免聽起來過於單純的「戀愛解決法」。

避免自爆型戀愛，將戀愛方法系統化

我所說的戀愛解決法，絕對不是什麼積極的討論。之前提到少數透過結婚或生產而完成「社會化」的逃家少女，會繼續與我聯絡，但悲傷的是，她們依然處於貧困的狀態；甚至不少人又回鍋從事賣春的工作。

理由在於，她們高得不像話的「戀愛自爆率」。她們渴求戀愛，卻在戀愛的路上遇到挫折，或是因為戀愛而再度淪為貧困。以下利用四個例子，說明逃家少女自爆的模式。

【例一】

了解少女的成長環境與痛苦的男友或丈夫，往往最後會淪為虐待她們的對象。主要原因正來自少女心中的黑暗。例如，以前遭遇過虐待和家境清寒的少女，在進入穩定的生活環境後，心中的痛苦往往會一口氣爆發。例如恢復逃家時暫停的自殘行為，或是破壞和男友同居的房子。我甚至見過一名少女趁著男友去上班時，把自己的糞便放在盤子上，再冰進冰箱裡。我問她為什麼要這麼做，她卻回答我：「我也不知道為什麼，可是如果是他，我想應該不會生氣。」

這正是所謂的「試探」。少女第一次遇到可以任性的對象，一方面想要盡情任性，一方面也因為人生不斷遭遇背叛，於是想試試看：「這個人真的能夠拯救我嗎？」「不是要騙我的吧？」「他可以忍受我的任性到什麼程度呢？」就連我去採訪時，也遭遇少女擺布。為了採訪而等上九小時屢見不鮮，對方也並非發生嚴重的事情才遲到；採訪時明明表示今天晚上九點跟男友約了要見面，但到了十點，甚至是十一點也不離開。我問少女：「男友不是在等妳嗎？妳的手機一直在響喔？」少女卻莫名露出有些開心的表情說：「嗯～～他會生氣嗎？可是他人很好，可能不會生氣。」

除此之外，我把另一種試探命名為「分手詐欺」。這也是少女經常使出的手段。明明和男友的生活一點問題也沒有，卻突然好幾天行蹤不明，或是在對方工作時傳簡訊表示：「我們分手吧！我覺得這樣比較好。」這八成也是一種依戀障礙。「對方真的愛我嗎？」「我真的屬於這裡嗎？」「我會不會又失去這裡？」一方面是處於這樣的不安，而決定自己分手；另一方面則是希望男友對自己說不要分手。

試探行為無須再多加討論，然而少女的試探卻是非常隨意、衝動及麻煩的。環境愈是安定，心中的痛苦愈是容易爆發。其他人無法了解，也看不見她們的痛苦。站在身為伴侶的男性立場，往往會覺得：「為什麼我這麼努力，她卻不懂呢？」「為什麼我做了這麼多，還是幫不了她呢？」這股無力會在不知不覺中化為家暴。原本了解她們的人愈是化為加害者，少女的痛苦就愈是嚴重，也愈是難以解決。

【例二】

雖然下筆描述這類例子時有些躊躇，但是我不得不承認，受訪者中從小遭到虐待或棄養的性工作者，往往有「腳踏兩條船」與「外遇」的傾向。雖然也有全心全意只愛一名男性的純情性工作者，然而相較於一般女性，比例還是比較高。如果被男性發現，當然可能會遭到家暴或分手；當事人往往也為此煩惱：「從事性工作卻毫不在意，表示我很奇怪嗎？」「為什麼交了男朋友就一定要辭掉色情行業的工作呢？我真不懂。」

為什麼會出現這種情況呢？我將這類女性分類為「博愛型性工作者」。

她們雖然會因為外遇而破壞自己的戀情，個性卻絕對不壞，也不是喜歡背叛的人；只是會單純同時愛上多名男性。原因還是來自於兒童時期並未由特定的人士養育，也沒有接受過來自養育者的正常反應，而導致依戀障礙。她們「無法依戀特定的對象」——雖然誰都愛，卻不覺得自己能打從真心愛人。

這種心態，會傷害從事性工作的她們。例如，否定性工作人士會在討論時，提出幼稚的疑問：「你能接受自己的女友或太太從事性工作嗎？」「你不在乎女性有了先生或男友卻還是性工作者嗎？」諷刺的是，她們往往真的「不是很介意」。就算有了固定的男友，還是能毫不猶豫地從事性工作。她們一方面接受自己從事性工作，一方面卻又擔心自己是否異於常人，導致心靈陷入不安。雖然直接認定虐待和棄養會導致女性容易從事性工作，未免過於直截了當，然而，從事性工作的女性往往會陷入戀愛失敗與遭到家暴，進而逐漸討厭無法正常戀愛的自己，最後還是無法辭去性工作的惡性循環中。

順帶一提，也有一種男性很容易和博愛型性工作者交往。這種男性小時候也遭遇過虐待，無法依戀特定的對象。如同前述，酒店經紀人與牛郎，大多童年時代遭遇過虐待，或是家境清寒，容易親近境遇相同的女性。他們不僅具備相同的成長經驗，也都是「博愛型性工作者」。他們也「不是很介意」女朋友從事色情行業或性工作。情況類似的兩人，因性工作而相遇、交往，一起外遇也同時加深彼此的依賴關係。先撇開關係是否正常的疑問，這種戀愛型態往往看起來比較安定。

【例三】

另一方面，經常出現在「藉由生病以博得同情」的牛郎身上的，是經濟問題所導致的家暴。如同前述，「都是因為妳，我才活得下去」的相互依賴關係，會大幅滿足女性需要肯定的渴望。然而彼此的精神狀態都不穩定，表示無法賺取維繫家庭所需的金錢。逃家少女和男朋友開始同居之後，往往會出現失眠或不安等症狀，或是因為憂鬱症發作而必須定期看醫生；也有人對於非精神科醫生處方的抗焦慮藥或安眠藥上癮。根據我採訪的經驗，大約有八成以上的逃家少女會陷入這類情況。有些人甚至會因此導致思覺失調症，不得不住進精神科的隔離病房。

但是，定期看精神科醫生、住院，以及精神狀態不穩定而無法工作，表示必須支付大量的醫藥費與所得減少。這段時期必須仰賴伴侶個人的收入，才能維持家庭。缺乏生活費時，賺不了錢的那一方，或是看起來像在偷懶的那一方，便會淪為攻擊的對象。就算交往初始覺得兩人的關係是「相互支持」，但最後還是會導致家暴。

【例四】

所謂的「吃軟飯」，也就是女性送錢給男朋友花的例子，也經常出現在最貧困女子身上。她們會把自已從事性工作賺取的金錢，送給傾訴夢想的牛郎或樂手。這類例子短期多半是幸福的結局。換句話說，女性擁有一定程度的收入時，可以肯定自己是「賺錢給男友花的女人」，不會像其他例子一樣突然情緒低落。但是長久下來，會懷疑自己：「一直這樣下去好嗎？」開始批評男友不工作時，便會遭到對方家暴。這種例子最糟糕的是，援助男性而帶來短期的幸福體驗，會導致女性下次談戀愛時，依舊選擇相同類型的男性。所以，吃軟飯的男性可說是爆炸慢、有期限的地雷。

這群最貧困女子從小就不曾擁有普通的家庭、庇護所及被愛的經驗。正因如此，她們才想戀愛、結婚及生子，憑己力打造自己的家庭。在缺乏理解與孤獨之下成長的她們，是如此迫切希望，卻遭到自己心中的黑暗所吞噬，無法順利地戀愛與結婚，只能再度回到貧困與賣春的生活中。不僅是逃家少女，留在當地同齡社群的少女，也是面臨相同的情況。戀愛、失敗、孤獨、貧困。反覆失敗導致傷口愈深，人生的選擇也逐漸變少。這就是我所採訪的「無家可歸的少女」典型的末路。

少女愈是渴求愛情，愈是應該將戀愛方法系統化，以避免失敗，而非否定她們對於戀愛的渴望。我希望性工作者能自行進行這類的討論。之前的舉例不過是冰山一角。至今討論女性貧困或是性工作與貧困時，幾乎沒有提過「戀愛」兩字。如果提出「貧困女子擺脫貧困的方法是談戀愛」，眾人可能會因為說法過於簡略而搖頭苦笑，或是激怒女性主義者。因此，這是只有當事人才能討論的解決方案。了解自己容易踩到戀愛的地雷，和其他處境相同的女性分享何謂糟糕的男人和失敗的例子，便已足夠。政府絕對無法協助解決戀愛的問題，戀愛之於最貧困女子卻又是極大的問題。

總結

本書的結論是低收入的女性愈多，低收入與貧困的界線愈是模糊。其中，又以從事性工作的貧困女性會陷入難以辨識的貧困狀況為前提，構成本書。對於眾人看不見的「最貧困女子」和「最貧困少女」，尤其是年幼時遭到虐待和家境清寒的少女，以及生活貧困到近乎街友的女性，對她們而言，性工作很有吸引力。性工作雖然並不安穩，卻具備個人安全網的功能，從事性工作的相關人士也容易親近貧困的女性。書中同時也提到最貧困女子的共通點是「三種無緣」和「三種障礙」。

隨著女性貧困的狀況日益擴大，進入性產業的女性愈多，性產業的門檻也愈高，最貧困女子更難以生存，於是只好進入以獲得收入而言過於嚴苛的賣春行業。

首先以有建設性的討論為前提，我提議將性工作分為「工作型」「生存型」「零用錢型」。書中提到大多數為了生活而不得不從事性工作的生存型賣春女性，往往不是從事合法的性工作，而是進行違法的性交易。

雖然我無法提出簡單的解決方法，但是從「這些女性究竟需要什麼」的觀點，提出了幾項拙見。對於未成年的最貧困少女而言，首先是小學時如果有去處，便能脫離「介紹賣春工作的地緣關係」。逃家的少女也需要容易親近的庇護所。為了改善十八歲以上的最貧困女子所接觸的街頭個人安全網，並促進與支援社工維繫關係，必須將性工作常態化與社會化。

雖然我只提得出這點拙見，實在是難為情，但是在貧富差距擴大的社會當中，一般女性也開始進入性工作。正因現狀如此，我希望能從各種階段來討論最貧困女子的問題。

首先第一步是，無論多麼難以入目，必須先了解她們所處的現狀。

我深切希望最需要援助的女性，不要再成為遭受批判與輕視的對象，期盼可以切斷這種殘酷的連鎖。

後記

後記

這世上最殘酷的事情是什麼呢？

我覺得是面對遭受極大痛苦的人，卻沒有人願意伸出援手。這麼殘酷的事情，沒有人想看到。假設路邊有一名女性跌倒，爬也爬不起來，我想大部分的人都會伸手幫忙吧？

但是如果對方一邊擦汗，一邊佯裝平靜呢？如果問對方「沒事吧」，對方卻打斷說「我沒事」呢？如果對方反而回瞪呢？如果和對方之間有一堵牆呢？我想大家就會這麼走過去吧？如果跌倒的女性還大喊大叫一些聽不懂的話，大家可能會轉過身去，加快腳步離開。

面對困難，有的人會求救，有的人不知該如何求救；有人看了就讓人想幫忙，有的人看了就教人不想幫忙。儘管兩者的痛苦一樣，後者的痛苦卻會遭到無視。我認為這是世界上最殘酷的事。

雖然上述都是假設的情況，但其實現在日本已經出現愈來愈多我所說的最糟的殘酷。無論一般大眾有無興趣，難免會聽到關於貧富差距擴大、年輕人所得低、單身女性與單親家庭（尤其是單親媽媽）格外貧窮的報導。但是現實生活中卻存在一群女性與未成年少女，大家不僅「看不見」她們的貧窮與痛苦，甚至還會批評她們。本書的內容便是描述這群人與她們多為性工作者，從事賣春與色情行業的情況。

老實說，我身為報導文學作家，書寫這個主題已經到了極限。

我遇過為了消除對買春男子的厭惡感而沉迷於毒品的少女。

我遇過十六歲的少女一臉嚴肅地對我說：「如果不能賣春，我就會死。」她說自己第一次賣春是在小學五年級的時候，身上有遭到虐待的傷痕。

我遇過國中三年級的女生，母親曾經是街娼。她得意地告訴我，現在是靠她賣春賺的錢在養媽媽和弟弟。

我遇過媽媽是智能障礙的少女，逃家之後和智能障礙的姊姊當了一年的街友，靠賣春維生。
我遇過遭到繼父性虐待的少女，因為母親無視自己遭受虐待而一直想殺了母親。
我遇過二十歲的女性告訴我，她連續面試五家應召站都沒上，如果這週還找不到人買春，要我告訴她：「去哪裡才能賣肝臟？」
我遇過採訪期間拋下年幼的女兒而自殺的單親媽媽。她和買春男子一起走向賓館時，把女兒在兒少安置教養機構做的紙鶴放在錢包裡當護身符。
這些女性從未獲得關愛，也沒有親人的庇護，心中只有孤獨與痛苦，社會大眾又對她們投以有如看到垃圾般的眼光。
我已經受不了這種殘酷了。
我要再三強調——明明遭受一樣的痛苦，為什麼她們獲得的幫助這麼少呢？拋下她們，就像醫院的候診室裡有兩個病情一樣的病人，其中一個人進入診療室獲得治療，另一個人卻遭到無視。我不覺得這是正常社會應有的現象，忽視這些人也絕對是錯誤的行為。

我身為報導文學作家，遇到這群非行少年少女和犯罪事件的加害人，處於看不見的貧困，我一直淡淡地聆聽他們發出不成聲的聲音，同時默默地記錄下來。這群人當中，我覺得最難被發現的是性工作者的痛苦。本書是我嘗試解答為什麼這群女性身處於最難看見的痛苦當中，又為什麼她們的痛苦是如此難以看見。我不是社會運動家，也不是在現場的社工，更不是社會學學者，所以分析手法和考證都有不足之處，還請讀者多多見諒。

然而，只要有人願意閱讀本書，也許可以培養出眼力，建立起「看得見的濾鏡」，稍微瞥見這群女性懷抱著難以發現的痛苦。倘若出現讀者閱讀本書後覺得：「咦？繼續無視下去不是很糟嗎？」也就不枉費我寫這本書了。

問題不僅出現在心態，現實情況也十分嚴重。以前曾經出現過「女性是生產機械」的討論。雖說女人應該重視生兒育女勝過工作，是非常無聊又愚蠢的言論，但是反過來說，男人無法生小孩。現在日本社會面臨高齡少子化的情況，勞動年齡人口嚴重不足，勞動力不符需求的時代就在眼前。儘管如此，日本國內個人所持有的金融資產卻集中於高齡人口，所謂的社會福利指的是老人福利，兒童與女性的福利依舊遭到忽視。雖然開始出現討論的聲音，但援助金額卻有天壤之別。

勞動年齡人口減少所造成的後果就是國力衰退。現在明明是日本男性應該低頭拜託女性「求求妳們生小孩」的迫切情況，為什麼對於看不見的貧窮狀態卻一點危機意識也沒有呢？

讓看不見的情況變得看得見——我希望這本書能減輕女性的痛苦，為解決問題的討論助上一臂之力。

最貧困女子
不敢開口求救的無緣地獄

最貧困女子

日本殘像 1

作者　鈴木大介（Daisuke Suzuki）
譯者　陳令嫻
企畫選書　陳子逸
責任編輯　陳子逸
裝幀設計　許紘維
內頁排版　王氏研創藝術有限公司
校對　渣渣

總編輯　張維君
行銷主任　康耿銘
編輯助理　陳和玉

社長　郭重興
發行人暨出版總監　曾大福
出版　光現出版
信箱　service@bookrep.com.tw

發行　遠足文化事業股份有限公司
地址　231 新北市新店區民權路 108-2 號 9 樓
電話　(02) 2218-1417
傳真　(02) 2218-8057
客服專線　0800-221-029
法律顧問　華洋國際專利商標事務所／蘇文生律師
印刷　成陽印刷股份有限公司

初版　2016 年 11 月 30 日
定價　350 元
ISBN　978-986-93482-7-0

國家圖書館出版品預行編目資料

最貧困女子：不敢開口求救的無緣地獄
鈴木大介著； 陳令嫻譯 .
初版 .; 新北市 : 光現出版 : 遠足文化發行 , 2016.12
264 面 ; 14.8×21 公分 . (日本殘像 ; 1)
譯自：最貧困女子
ISBN 978-986-93482-7-0 (平裝)
1. 貧窮　2. 女性　3. 報導文學　4. 日本

548.16　　105020732

日本殘像

日本殘像

日本殘像

日本殘像